销售铁军

张强/著

从销售新人到铁军缔造者

人民邮电出版社

北 京

图书在版编目（ＣＩＰ）数据

销售铁军：从销售新人到铁军缔造者 / 张强著. --
北京：人民邮电出版社，2020.4（2020.10重印）
  ISBN 978-7-115-47615-9

Ⅰ. ①销… Ⅱ. ①张… Ⅲ. ①销售管理 Ⅳ.
①F713.3

中国版本图书馆CIP数据核字(2020)第027895号

◆ 著　　　张　强
责任编辑　马　霞
责任印制　周昇亮

◆ 人民邮电出版社出版发行　　北京市丰台区成寿寺路 11 号
邮编　100164　电子邮件　315@ptpress.com.cn
网址　http://www.ptpress.com.cn
大厂回族自治县聚鑫印刷有限责任公司印刷

◆ 开本：700×1000　1/16
印张：16.75　　　　　　2020 年 4 月第 1 版
字数：246 千字　　　　2020 年 10 月河北第 3 次印刷

定价：59.80 元

读者服务热线：(010)81055296　印装质量热线：(010)81055316
反盗版热线：(010)81055315
广告经营许可证：京东市监广登字 20170147 号

时代的偶然，本人特质的必然

首先代表中国饭店协会祝贺张强副会长的新书即将付梓。

互联网短短二十年缔造了许多传奇，而张强也是其中一位，从阿里巴巴、美团网的金牌销售成长为执掌去哪儿网和旅悦集团的管理者，他的成功既是时代的偶然，也是本人特质的必然。

中国饭店协会作为全国住宿业和餐饮业的行业组织，一直以来关注行业的创新发展，张强副会长是我会副会长中代表行业未来发展方向的"少壮派"。我在感叹青年多才俊、英雄出少年之余，也对其发展路径感到好奇，希望可以更多地总结和研究其成功的必然性。张强此番邀请我为这本书作序，我终于得以细细品究，遂欣然应允。

细读此书，受益匪浅。张强行文严谨、语言风趣、逻辑严密，基于自己十余年的实际经历，深入剖析管理者的心态、言行、决策对销售人员及销售结果的影响，既论证了供销售和管理人员参考的方法论，也用丰富的事例提供了实战资料库。这本书是不可多得的佳作。

因此，请允许我郑重向各位读者推荐此书。我期待张强更多的分享，也祝愿张强带领旅悦集团再创辉煌。

韩明

中国饭店协会会长

"互联网 +X" 时代，需要铁军领导者

首先祝贺《销售铁军》成功出版。

张强曾是去哪儿网和美团网销售地推文化的搭建者，现在在携程战略投资的旅悦集团出任 CEO，我对他寄予了期望。在我看来，张强可以称得上是中国互联网历史上的销售传奇，而其带领的旅悦集团成立 3 年便取得全球签约门店 2000 家、开业 1000 家的成绩，这证明了张强也是一个成功的管理者和领导者。

我相信每一个销售都曾经历过从无到有、从零到一的挑战！

日新月异的世界已经进入"互联网 +X"的 2.0 时代，各行业 O2O 融合趋势凸显。我们需要更多能够运用互联网思维去构筑新的经济业态的销售人才，更需要能够带领团队冲击业绩新高的管理人才。在这样的时代背景下，由张强这样从普通销售人员成长起来的管理者写就这样的一本书是很有意义的，其中的实例和分析不仅是互联网奋斗者对时代的铭记，更是对未来的启迪。

最后，我由衷地向各位读者推荐这本书。希望有更多的奋斗者分享自己的智慧和经验，共同把属于我们的时代建设得更加美好。

梁建章

携程网创始人、北京大学光华管理学院教授

去哪儿网"引擎"的建队思路

作为去哪儿网酒店地推铁军的"缔造者"和"总教头",张强在去哪儿网辉煌的成长史上留下了浓墨重彩的一笔!

张强在加入去哪儿网不到两年的时间里,帮助公司建立了强大的地面团队,签约数十万家酒店,铺设近万人的地面推广兼职网络,无论商户端还是用户端,都是我们过去几年来酒店业务增长的"主引擎"之一,他也因此成为去哪儿网晋升最快的核心管理者!张强和他的团队于2016年从去哪儿网孵化出来的旅悦集团,也正在他的带领下迅速成长为旅游住宿业的翘楚。

所有企业的成功,一定源于优秀的管理。今天张强毫不吝惜地将他的管理心得分享出来,令人欣慰!我期待着有更多的人能够在这本书的帮助下,厘清自己的团队管理思路,这才是去哪儿网的"引擎"对行业和时代的最大贡献。

从兵至将及帅的张强,独步武林的秘笈终于见诸江湖,吾更笃信其必将自成一派,与天下英雄论剑华山。加油!

庄辰超

去哪儿网前 CEO、斑马投资创始人

销售逆袭

　　销售小白如何成为精英？销售中高层如何带领团队、制定规划并最终赢得目标？如果要我推荐一位能回答以上问题的实战派高人，我首推我的好哥们张强，他可谓当今中国互联网行业销售逆袭的榜样。

　　从阿里巴巴 Top Sales（顶级销售）到去哪儿网总裁和旅悦集团 CEO，张强完美地诠释了他经常说的"要性"，就像他很喜欢的一句诗"黄沙百战穿金甲，不破楼兰终不还"那样充满激情，并且拥有超强的执行力。所以，他建立的"酒店直销铁军"至今仍是旅游行业的奇迹。

　　这本书集结了他十多年的销售和管理的实战经验、理论策略与心得分享，非常具有实操性。作为前同事和好友，看到张强的心血力作终于出版，我感到由衷的高兴，并相信这本书能为更多人指点迷津。

杨昌乐

途家集团 CEO 顾问、途家集团前 CEO

前 言

　　无论是大型企业还是中小型企业，其生产、经营的核心环节都是销售。只有通过销售，才能保证企业生产活动顺利地推进，才能不断地获取利润，才能使企业维持长久的发展。因此，对于企业而言，做好销售管理是至关重要的事情。对于销售团队的管理者而言，做好销售团队建设，打造一支高效协作、充满斗志的销售团队，是他们对企业最大的贡献，同时也是他们个人价值的体现。

　　但是，管理销售团队并非一件简单的事情。相关调查数据显示，我国企业80% 的问题都源于销售。而在这 80% 的问题中，又有 80% 的问题的根源在于销售团队的管理。一般来说，在企业中，销售团队的人数远超其他岗位人员的数量。人数越多，管理的难度也越大。而且随着市场竞争的加剧，销售团队专业化程度不足的问题日益突显。如何解决这些问题，成为一名优秀的销售管理者，已经成为一些企业的销售团队管理者最迫切的需求。

　　虽然说管理销售团队并非一件简单的事情，但也不是完全无法做到。我曾是阿里铁军中的一名 Top Sales，后来陆续又在美团网、去哪儿网、旅悦集团历练。在这本书中，我结合自己的成长经历，总结了不同阶段的销售以及销售管理的底层逻辑和方法论，从全新的角度为读者解开"如何打造一支销售铁军"的难题。

　　对于管理销售队伍，我最深刻的感悟是：

管理十几二十几人的队伍，只要足够勤奋、肯付出就能够让队伍成长起来；

管理三四十人的队伍，就要制定一套制度，"在框架内行走"；

管理一百多人的队伍，就应该知道这些人的长板和短板，帮助大家扬长避短，让每个人都能做适合自己的事，把人的潜能发挥到极致；

管理一两千人的队伍，那么重心就不要放在结果或过程上，而是把焦点放在人的身上；

管理两三千人的队伍，就要有理念和梦想，并怀揣着二者去做事情；

等到管理更多人的时候，你可能已经是一个事业部总经理或者一家公司的总经理，这时投资人、老板、朋友、同事和下属会提出很多自己的看法，你要非常有逻辑地分析每一个环节，定策略、建资源、拿结果，最后告诉他们：我才是对的。

最初从 Top Sales 晋升为销售主管的时候，我觉得只要不断地帮助团队成员谈单子、冲业绩，就能带好团队。事实也的确如此。当你的团队中只有几个人、十几个人或者二十几个人的时候，你只需用自己的能力、经验和资源去帮助他们拿下更多、更大的单子，团队的业绩就会越来越好，大家也就越来越愿意追随你。但是，你会做得很累，自己没有太大的成就感、幸福感，甚至你会觉得还不如做 Top Sales 快乐。

后来，当我开始带三四十人的队伍，甚至是上百人、上千人的队伍时，我才真正地发现：不管你的能力有多强、经验有多丰富、资源有多强大，你都不可能凭借一己之力完成团队目标。作为一个团队领导者，你必须学会发掘团队里每个人的原动力，让每个人都得到真正意义上的发展，让每个人在工作和生活中都感到开心，这才是一个管理者最大的幸福。

让别人去成功，让别人过得比现在更好，让别人不断地成长，我觉得这是特别有乐趣的事情。管理者最重要的工作不是做报表、盯团队、做业绩，而是给下属做榜样，让自己的风格可以影响到一批人。很多企业会看业绩的好坏，会着重于制定下一步要完成的目标，而我则把50%的精力都放在了对下属的培养上。比如制定策略，你的策略想得好，那就给你30%的绩效满分，或者更高。

我把每个细节都拆分得很细，使得最终的结果特别好。

　　类似这样的个人经验总结和思想分享，在书中还有很多，这也是这本书与其他同类型的销售类书籍最大的不同。它带给你的，既有不为人知的个人成长故事，又有值得借鉴和思考的销售技巧与管理策略。无论是刚刚入行、对未来尚感迷茫的销售新人，还是已经从 Top Sales 晋升为销售主管的职场骨干，或者是已经成为上百人、上千人的销售队伍的领导者，甚至是怀揣着梦想准备踏上创业之路的销售达人，都可以从本书中找到自己需要的养分，为自己接下来的路点上一盏明灯。

目　录

第3章　**跃进：从管好自己到带好团队**

第4章　**立政：凡将举事，令必先出**

第5章

必胜：真正的战斗是团队一起拼搏

第6章

赋能：让每个员工都有成为领导的可能

第7章

裂变：造一支旅悦销售铁军

第 *1* 章

立志：
从此刻开始，向 Top Sales 进发

在天才和勤奋之间，我毫不迟疑地选择勤奋，它几乎是
世界上一切成就的催生婆。

—— 爱因斯坦

01

从差点被淘汰到 Top Sales 只有一条路

2006 年，我加入阿里巴巴，在最开始的"淘汰赛"中我的业绩非常不理想，那时的我对未来也感到非常迷茫，但从未想过放弃。坚持一段时间后，到 2007 年，我几度成为阿里铁军的 Top Sales（顶级销售）。如果让我对这段经历进行总结，为业绩的突飞猛进寻找一个答案，我想只有一个词比较合适：勤奋。

我向来不觉得自己比别人更聪明，只是跑得够快——每天早上七点钟我就开始去拜访客户，直到晚上八九点才回来，磨掉鞋底、露出袜子却也没有钱换。但这一切的困难都没有让我产生过放弃的念头。因此，我认为从一个普通的销售员到 Top Sales 只有一条路，那就是勤奋之路。

我的第一个客户是个"上门女婿"，一开始他对我的合作想法是表示拒绝的。刚好那个时候我的手里也没有其他有意向的客户。于是，我决定专门"盯"他，每天跟在他的后面，希望他能跟我合作。一开始，他对我的"穷追不舍"表现得十分抗拒，甚至为此跟我吵了一架，并让门卫拒绝我进入他们的厂区。

当时，我十分气馁，但想着自己已经付出这么多了，就一定要把他签下来。既然门卫不让进，我就翻墙进去找他。或许是我的"坚韧不拔"打动了他，最后他抱着试一试的态度准备跟我签单。

可在签单的时候，他的老婆又表示不同意了，两人甚至动起手来。当时我立即就过去拉架，最终拳头都落在了我的身上。后来我想着既然人家夫妻俩因为签单闹出这么大的意见，我就打算作罢了。没想到这时反倒是他坚持和我签了合同。

这就是我在阿里铁军的职业生涯中的第一份合同。至今我都非常感激他，同时也非常感谢当时拼命的自己。如果当时的任何一个时刻我放弃了，就再也没有后来的故事，更没有今天能够掌舵旅悦的我。

我记得有一次去拜访一个工厂，工厂里面养了很多鹅。我被一只鹅咬了屁股，以致我现在见到鹅都心有余悸，躲得远远的。但也正是有了这些"不堪回首"的经历，让我在后来无论遇到多难的事都能扛得住，都不觉得特别苦。

让勤奋不断地"燃烧"，相信自己的潜能，给自己设立一个高目标并全情投入其中。一开始你可能会觉得目标高不可攀、难以实现，但是一旦你倾入勤奋、拼命奋斗，你会发现沉睡在我们身上的巨大潜能也会跟着迸发出来，所谓的"不可能"也只是懒惰的托词。

成功没有捷径，更不会"一跃千里"就直接到达顶点。想成为 Top Sales，就只能一步一步、一天一天踏实努力地积累。

（1）付出不亚于任何人的努力

日本著名的实业家稻盛和夫在畅销书《活法》中归纳了"六项精进"，其中一项就是"付出不亚于任何人的努力"。他说："付出不亚于任何人的努力是一切的基础。一个无法做到兢兢业业、勤奋进取、不落人后的人是没有资格来谈论人生和命运这个话题的。"

事实的确如此。稻盛和夫用他的人生经历践行了这句话的深刻含义。

稻盛和夫在创业之前，对企业经营一窍不通，却还是"自不量力"地开办了工厂。虽然当时工厂的员工只有 28 人，稻盛和夫仍然向员工们宣布："我们大家一起努力，把工厂打造成原町首屈一指的企业。"

在创业时，稻盛和夫知道"如果不努力，公司的经营很快就会出现问题"。所以，他每天都拼命努力地工作。后来，稻盛和夫的目标从原町第一、西京第一、中京区第一、京都市第一、日本第一，到世界第一。

对于"世界第一"的目标，稻盛和夫并非只是喊喊口号，他一直围绕该目标不断地努力，甚至时常问自己"如果我要成为世界第一，我该如何做好眼前的每一项工作""我要如何努力，才能实现目标"。

在努力的过程中，稻盛和夫更加明白："即便你说自己在努力工作，但如果这个'努力'的标准是你自己定制的，如果这个'努力'只是与你自身纵向比较的结果，那么这样的'努力'是不够的。如果不更加认真、更加拼命努力地工作，那么你所经营的企业也好，你自己的人生也好，都无法顺利发展。"

在此基础上，稻盛和夫进一步问自己和所有的员工这样的问题："你是否有付出不亚于任何人的努力""你的工作热情是否不输给任何人"。

可以说，稻盛和夫的成功与他的勤奋密不可分。从一个一文不名的年轻人到创立世界 500 强企业，如果没有勤奋的加持，就没有他后来的财富、地位和成就。

对于销售工作来说，勤奋更是必备的首要素质。业绩是一步一步跑出来的，更是一句一句说出来的。任何迈不出腿、张不开嘴的销售员都不可能取得优秀的业绩。所以，一旦你选择了销售这份职业，就要付出不亚于任何人的努力，以勤奋贯穿每一天的工作，就如苦行僧一般，既然选择了远方，就要风雨兼程。没有什么会比日复一日的勤奋、努力更具有说服力。

每一天都要比昨天更努力一点，比别人多打一个电话、多拜访一个客户、提前做好拜访准备、多读一些书、多累积一点经验……让勤奋成为你的习惯，融入你的血液和意识中。等到了一定的时间，你所有的"多做一点"就会发生质的改变。

（2）不仅手脚勤，更要思想勤

美国作家奥格·曼狄诺在《世界上最伟大的推销员》一书中这样写道："我打算告诉你一个秘密。你的管理者知道这个秘密，那些事业成功的人也知道这个秘密。这个秘密就是，你只要比一般人稍微努力一点，你就会成功。"

你要手脚勤快，抓紧一切时间去跑客户。当你的同事在吃喝玩乐时，你在跑业务；当你的同事在聊天休息时，你在跑业务；当你的同事入睡时，你在总结整理当天的销售感悟；当你的同事还在为一点小业绩沾沾自喜时，你已经行走在追求更高业绩的道路上。

总之，你要记住，只要比别人多努力一点、多做一点，最后你收获的果实就会更沉一点。

除了手脚勤快，你的思想也必须得勤快起来，这是至关重要的一点。思想勤快意味着不要产生懈怠的念头，不放弃、不抛弃。我见过不少同行最终的放弃是思想上的放弃，即便他每天也出去跑业务，但是从他疲惫的眼神和懈怠的精神上，就能够判断出他已经开始妥协、放弃了。当一个人的精神开始产生懈怠之意，这种懈怠很快就会蔓延到他的行为上，行为也会变得懒散拖沓，直至最终全然放弃。

如果想要思想不懈怠，那你就需要保持激情和梦想，每天都有热忱的期盼，相信凭借自己的力量终究能成为 Top Sales，让这股激情和梦想成为一种精神力量，指引着你不断做出努力。

保持思想勤快，除了不懈怠，还要懂策略、用方法，能够快速地拾级而上，比如高效地开发客户、实现成交。如果我们把做销售比喻为扫地，过去你用扫帚扫地，现在你用吸尘器扫地，后者比前者更为高效，你付出的努力会有事半功倍的效果，这就是意识上的勤快。如果你能多动脑筋去创造，保持思想上的勤快，你就会收获得更快、更多。

从普通的销售员到 Top Sales 只有一条路，就是勤奋之路，这条路上有

9999 级台阶。走好第 1 级，就能走上第 2 级，坚持走上第 2 级，就能看见后面的一级；走好前面的 10 级就能看见后面的 100 级……一步一个脚印，即便你一时看不到顶点，但是只要专注于当下的每一个瞬间，Top Sales 终会向你招手。

常言道，"一分耕耘，一分收获"，但现实往往是付出努力却一时难以见到收获。所以我想说，在坚持梦想的道路上，比起"一分耕耘，一分收获"的心态，其实更正确的心态应是"只去耕耘，不问收获"。

回望我从业绩不理想的销售新人到成为 Top Sales，往事仿佛还历历在目，朴实的努力透露着无穷的智慧和力量。认真地、勤奋地、努力地工作，这句话听起来或许平淡无奇，但是确实能带领你走向成功。

客户数量是决定销售业绩的关键指标

在成为 Top Sales 的路上，勤奋首先体现在客户数量的积累上。为了不断地突破自己，我经常用一个公式来激励自己：最终业绩 = 客户数量 × 专业水平 × 客户质量 × 服务水平。

其中，专业水平是指销售员的个人素质能力及从事销售工作的资质，客户质量是指真正能成交的客户量和客户的级别，服务水平则是销售员个人能力和工作态度的体现。可见，在这个公式中，除了客户数量以外的其他三点都与销售员的个人能力有关，而客户数量却能够靠着个人的努力和干劲来决定。

在上面的公式中，最终业绩等于客户数量、专业水平、客户质量和服务水平的乘积，我称这样的公式为"乘法系统"。大多数情况下，乘法系统中各个要素之间的依赖性比较强。比如，客户数量为零的销售员，我们很难说他的专业水平高，更不用提客户质量和服务水平如何了。相反，一个专业水平很高的销售员，客户数量也不可能太少。

因此，即便你个人资质一般，专业水平不强，拥有的客户质量较弱，服务水平也一般，但是只要你明白自己的弱点，并燃起热情去弥补自己的不足，付出不亚于任何人的努力，多去拜访客户，不断扩大自己的客户数量，你会发现自己的专业水平、客户质量、服务水平也在不断地提高，最终实现业绩的突飞猛进。这一点其实不难理解。你的客户数量越多，说明你拜访的客户越多，你的销售经验更丰富。随着经验的积累，你的专业水平自然会不断提高，随之而来的是客户质量的提高。高质量的客户就需要高水平的服务，慢慢地，你的服务水平自然也就提高了。最终，你的销售业绩也会不断倍增。

可见，相对于专业水平、客户质量、服务水平来说，客户数量对销售业绩的影响更大。

举个简单的例子，你每天只拜访 1 个客户，一个月就只有 30 个客户。假设这 30 个客户的质量都比较高，成交率为 100%，那么你也只是成交了 30 个客户。如果你每天都很勤奋，可以拜访 30 个客户，那么一个月就有 900 个客户。假设这 900 个客户的质量都不太高，成交率只有 10%，那么你一个月依旧可以成交 90 个客户。现实中，成交率为 10% 的情况非常常见，但成交率为 100% 的情况却几乎不存在。所以，如果你每天的拜访量不够，业绩怎么能好呢？西方企业有一个平均法则，意思是你的销售业绩与你拥有的客户数量成正比关系。你拥有的客户数量越多，你的销售业绩就越高。

日本推销传奇人物原一平，在日本保险业连续 15 年保持全国业绩第一。他的成功秘籍向来为人所津津乐道。很多人都觉得原一平很有天赋，但是他却认为他的业绩都是靠着一点一滴的汗水累积起来的。事实也是如此。原一平平均每个月要用掉 1000 张名片，每天固定要拜访 15 位准客户，没拜访完毕绝不作罢。有时候受访者不在，原一平也坚持晚餐后再去拜访，所以他常常晚上 11 点多才回家休息。因此，50 年来原一平已经累积了 28000 个准客户，这是他成为"推销之神"最大的资本。

正是因为原一平深知客户数量对销售业绩的重要性，所以他总是不遗余力地付出比常人更多的努力去拜访客户，扩大客户数量，最终创造了令人咋舌的成绩。

从我真正进入销售这个行业开始，我就深刻认识到客户数量对销售业绩的决定作用，所以我每天早出晚归地去跑客户，去积累客户资源，扩大客户数量，天天如此。很多时候，我都是跑着去见客户，因为你的同行也在努力，你不仅要和你的同行抢客户，你还要跟你的同行抢时间。

你要明白，手上有 1000 个客户资源和手上有 100 个客户资源，两者绝对不只是数字上的差异这么简单，重要的是两者的结果会大有不同。那专业水平、客户质量、服务水平重不重要？当然重要。但是客户数量是这些要素发挥出作用的前提或是基础，唯有尽可能地扩大客户数量才是王道。

业绩好的销售员之所以能够源源不断地开单，也正是因为他们手上拥有数量足够大的客户资源。而业绩一般的销售员手上的客户则寥寥无几。我们进一步追根溯源，会发现业务一般的销售员往往懒得去开发客户，也常常半途而废。此外，他们不知道如何开发客户也是他们手中客户资源较少的重要原因。

因此，手上客户资源较少的销售员，可以采取以下方法解决问题。

（1）告别消极和懒惰，勇于拼搏

不少销售员会把客户数量少的问题归结为客观原因，如自己没有分到好的区域、天气情况太恶劣了、客户不给我机会等，并常常自怨自艾，抱怨客户难找。面对失败时也常常怕麻烦、找借口，遇到困难就想放弃，同时情绪低沉、态度消极。从不在自身找原因，还抱怨诸事不公。如果你抱着这样的心态去开发客户，是很难取得成功的。

要想扩大客户数量，首先你就要端正态度并树立积极的心态，告别消极和懒惰，思维、腿脚都要勤快，不怕麻烦，不能抱着"三天打渔两天晒网"的心思，而是脚踏实地地去"跑客户"，每天尽可能多地去拜访客户。

你可以给自己制定一个目标，例如一天要拜访多少个陌生客户、新增多少个准客户，一个月要达到多少的拜访量等。你定的目标是要带有挑战性的，但也得是通过努力就能实现的，并将目标贴在你看得见的地方，例如卫生间的镜子上、办公桌上等。同时你要坚持今日事今日毕，不要将今天的任务带到明天做。每天拜访回来后，你要查看当天的目标完成度，并做好记录。例如今天拜访客户时遇到了一位大客户或重要但难搞定的客户等，这些都需要做好记录。你要知道量变累积到一定程度就会发生质变，产生巨大的效果。

（2）掌握开发客户的方法

寻找客户并不意味着漫无目的地在大街上碰运气，这种行为犹如大海捞针，很难取得成效。有计划、有方法地拜访更能事半功倍。

一方面，你要划分目标客户范围，寻找你的客户群，了解目标客户较多地集中在哪个区域，集中精力去拜访。例如，在阿里铁军时，我们的目标客户主要是做外贸的一些企业，这些企业往往会集中在城市的某个工业园区。锁定工业园区之后，我们就会按计划到工业园区内去挨家挨户地拜访企业，尽全力去完成业务。

另一方面，你要尽可能地寻找开发新客户的渠道。一般来说，有以下几种渠道：

一是同事介绍，这种方法较为可靠，且客户对你的可信度也比较高；

二是电话销售，据了解，Top Sales 的 60% 左右的客户资源都是用电话开发出来的，而做到这点的要点就是每天都把通过打电话积累的客户资料发给主管，日清日毕，主管也会及时检查，时间久了自然会成为一种习惯；

三是通过广告、网页来寻找客户资源；

四是参加展会，及时锁定目标客户；

五是登门拜访，一个个敲定；

六是尽可能多地发邮件进行推广，积累客户资源；

……

随着科技的不断发展，开发客户的渠道会越来越多，比如微信群、线上同行业社群、线下各种活动等。这些都需要销售员根据自身行业的特点和自身优势进行开发。总之，一切行为都以尽可能多地积累客户资源为主要目标。

销售员要把每天都当成一个短程赛跑，首先就要赢在起跑线上——抓住早晨的时光。

据说，日本寿险销售冠军原一平在早上 7 点 30 分之前就能拜访完 3 个客户。他在早上 6 点左右跟第一位客户一起喝咖啡，6 点 30 分和第二位客户一起喝果汁，7 点跟第三位客户一起吃三明治。能够把早上的时间利用到极致在很大程度上促进了原一平的成功。

所以，每天起床我都会告诉自己：要想尽可能地扩大拜访客户的数量，你要在早上就积极行动起来，抓住一切时机去拜访客户。我经常晚上 12 点左右睡觉，早上 5 点 30 分起床，而一般的销售员很可能 7 点 30 分才开始起床洗漱，这样我就能比他们多赢得 2 个小时，也能多赢得几位客户。

此外，提前跟客户约好拜访时间，也能增加每天拜访客户的数量。有的销售员会在拜访当日再决定自己要拜访谁，这样不仅浪费时间，还有可能无法成功预约到客户。所以你要提前跟客户约好拜访的时间，同时在你的计划表上做好标记，有条不紊地执行拜访计划，既能有效提高拜访量，也能提升拜访效率。

回忆起那段时间，我"不是在拜访客户，就是在拜访客户的路上"，坐在车上也都是在翻看客户的资料，查阅相关信息。虽然每天我的身体都很疲惫，但是在精神上却是高兴的，充满激情的。每多拜访一个客户，我就多拥有一丝的喜悦。

抓住一切时机去拜访客户，这是获取订单的基本保证。如果你停止拜访客户或者消极对待拜访客户这件事，那你就不再有成功之源。所以要想获得好的销售业绩，你必须得手脚勤快起来，把不断扩大客户数量放在首位。

03

勤奋≠瞎忙：时间的二七一法则

一个很难被承认的事实是，大部分人看似很努力，看似很勤奋，其实不过是在瞎忙。这在销售团队也很常见，有的销售员跑断了腿，累弯了腰，最终颗粒无收，还深陷疲惫。

销售员小A早上9点出发去拜访客户，急匆匆地赶到客户那里却被告知客户临时有事无法面谈，但对方同时说下午有时间。于是小A从自己的拜访名单里搜寻下一位客户，由于没有提前做好准备工作，小A花了比他想象中要长的时间到达了客户的公司。因为没有准备足够的资料，所以小A与客户聊得并不算顺畅。时间不知不觉地流逝，小A发现快到与上一位客户约定的拜访时间了，于是匆匆告别面前的客户，转而奔向上一位客户。

掐点赶到了客户的公司，又等了一会儿才成功见到客户。为了显得不那么急功近利，小A决定先跟客户闲聊几句。结果俩人聊得兴起，等进入销售主题时，时间已经是下午3点了。因为客户接下来还有一个会议，所以简单听了小A的方案介绍之后，提出了一些质疑，但小A却因为没有做好充分的准备无法立即回答。结果导致客户对小A失去了信心，只是简单地表示："有需要的话，我会联系你的。"尽管小A一再表示自己回去会修改方案，但还是没有得到客户的积极回应。

此次拜访到这里结束。之后，小A又花了2个小时回到公司。此时，小

A 已经精疲力尽，准备修改方案时，他竟然一时无法想起客户提出的全部意见，更难以想出对策。小 A 这时在心里哀叹：这一天又过去了，居然一个客户也没搞定。

案例中的销售员小 A，用了一天时间却没搞定一个客户，看似忙碌勤奋，其实不过是瞎忙。事实上，很多销售员都容易陷入小 A 的状态，在销售工作中越忙越乱，忙不出成绩，更把自己忙得"心力交瘁"。如果这样的状态长久地持续下去，就会不断地怀疑自己，直至想要告别销售这个行业。

勤奋固然是好事，但如果只是毫无头绪地瞎忙，只会让自己陷入忙乱却无所得的状态。因此，销售员勤奋的同时也要掌握一定的技巧，尤其是时间管理的技巧，让自己的工作可以事半功倍。这里，我向大家介绍一个我自己和团队经常用的一个技巧：时间的二七一法则。

二七一法则是指把时间分成三部分，20% 的时间花在成熟客户的开发和签单上，70% 的时间花在开发新客户上，最后将 10% 的时间花在促进不成熟的客户签单上。把时间花在值得的客户身上，这样的努力才会出结果、有价值。销售员毫无头绪地瞎忙，或把全部时间都用来与客户闲聊，是难以取得成果的。

我在去哪儿网工作时，常把酒店分为 SABCD 5 个类别。其中 S 是单词

super 的缩写，是超级级别、最高级别。S 之下再用 ABCD 来表示级别的高低，即 S > A > B > C > D。我要求所有的客户经理在拜访客户时，把自己 70% 的时间花在新客户的开发上，尤其是 SAB 三类客户的开发；把 20% 的时间花在对 C 和 D 类客户的维护上；再将剩下的 10% 的时间用来签单。我的很多同事，包括我本人，都是这么践行的，所以我们每一天都很有动力，工作也能出成绩。

因此，为了不让勤奋变成瞎忙，销售员需要有目标、有规划、有方法地展开工作，并严格地按照规定执行每一个层级客户的拜访要求和标准。

（1）将 20% 的时间花在成熟客户的开发和签单上

成熟客户一般是稳定的意向客户，对于他们，我们在前期也做了很多的准备工作，再努力一下就能让这部分客户成功签单，所以把时间花在这部分客户身上是最容易见成效的。但这部分客户的数量往往不多，所以不必花太多时间，只要分配出 20% 左右的时间即可。

在将 20% 的时间花在成熟客户的签单时，销售员也要注意方法，以提高效率。首先，销售员要确定这部分客户有 80% 的意向想要成交；其次，销售员要找到客户不想成交的原因并准备好对策，例如按照客户的诉求准备多个方案，站在客户的角度上考虑，用你的服务和产品真诚地打动他们等；最后，在拜访这些成熟客户之前，要做好预约工作，让他们有"这次要做个了结"的心理准备。

这里我强调一点，销售员要想在这 20% 的时间内让成熟客户成交，那么在前期一定要打好基础，也就是在开发客户阶段各方面工作要做到位。

（2）将 70% 的时间花在开发新客户上

我在上一节提到过，客户数量是决定销售业绩的关键指标，而开发新客户则是决定客户数量的关键行为。因此，开发新客户才是销售工作的重点。销售员要把 70% 的时间用来开发新客户，寻找更多的客户，扩大客户数量，提高拜访量，并引导这部分客户向成熟客户转变。你只有尽可能地开发新客户，才能有效提升自己最终的成交量。开发 100 个客户和开发 1000 个客户，最终的成交量定然是大不相同的。

所以，我一直以来都坚持把销售工作 70% 的时间用来开发新客户，因为我深刻地认识到只有自己尽可能多地积累客户资源，最终才能提高自己的销售业绩。花在开发新客户上的 70% 的时间，我又会按照二七一法则进行细分。其中 20% 的时间用来搜索客户信息并做好分类，70% 的时间用来预约和拜访客户，10% 的时间用来总结、反思。

我会提前一天就确定好自己第二天要去拜访哪些客户，并按照客户的重要性和情况的紧急性进行排序。一般来说，客户越是重要，我越是要提早与其约定拜访时间，并以他们的实际情况为准。当然一天内计划拜访的客户不可能全都是重要客户，如果我今天要拜访 10 位客户，那么其中重要的客户不会超过3 位。但这 3 位可能会需要我花费 70% 的时间去拜访，只有妥善地处理好重要客户，你才能更好地分配自己接下来的时间。也就是说，在开发新客户的这个时间段里，要把更多的时间花在有可能向成熟客户转变的客户身上。

（3）将 10% 的时间花在促进不成熟客户的签单上

我这里所说的不成熟客户是指已经拜访过两次及两次以上但仍然没有任何

意向的客户。这部分客户在某种程度上来说是"鸡肋客户"，鉴于我们在前期投入了时间和精力，因此我们不愿意轻易放弃，但也不能花费太多时间在他们身上。

当然，促进他们成交也要讲究方法，针对不同的客户要采取不同的促进成交的方法。例如，客户对你的产品有需求，但又觉得你的产品贵，于是三番五次地推脱，却也没有一口回绝，只是表示自己"要好好考虑一下"。后来你再度拜访或是电话询问，对方总是跟你说"不好意思，我还没考虑好"。考虑到时间成本等问题，你不能将此拖延下去，此时你可以给客户下最后通牒，如"张先生，我知道您一直因为产品的价格在犹豫。考虑到您对我们的产品确实有需求，所以我们一直在跟您沟通。我们产品的质量您也是信服的，其实您早一天用上我们的产品，您就能多减少一天的损失。如果您真的觉得购买我们的产品很不值得，那我也尊重您的选择"。

销售员在对客户下最后通牒时，语气要温和有礼，而不是带着威胁的意味，否则反而可能会激怒客户，导致丢单。如果销售员的语气、态度适中，客户会从你的这番话中得到启示，做出购买的决定。但如果销售员已经明示到如此程度，客户还是不为所动，那么销售员要及时止损，不要再去坚持成交这类客户了。

勤奋非常珍贵，就怕很多销售员将勤奋变成了瞎忙，看不到成绩，还质疑自己是不是能力不行，是不是不适合销售这个职业。其实都不是，根源就在于你没有找对方法，更没有合理地安排时间。当你开始使用二七一法则分配你的时间时，你很快就会发现勤奋的价值。

04

有效客户：客户源头决定签单结果

2007 年，我的销售业绩越来越好，因为我在客户源头就把握住了签单结果，尽全力去寻找有效客户。

如果你想获得高业绩，那么你就要问自己一个问题：我每天 80% 的精力是放在有效客户身上，还是非有效客户身上？其实这个问题不难回答，因为有的老客户你可能都已经接触很多次了，可就是无法签单，但是你心里仍然对他抱有能签单的幻想。当你沉浸在这种期望时，你就会忽视一个真相——"如果客户真的很想和我签单，那他早就签单了"。因此与其把时间花在与非有效客户的"较劲"上，还不如把这部分时间花在用来开发新的有效客户上。

开发有效客户意味着要在客户源头上做好把控。客户源头决定了签单结果。这就需要销售员在寻找客户时具备"火眼金睛"，判断谁是你的有效客户。

什么是有效客户？阿里铁军全球销售冠军、一年 11 块销售金牌纪录保持者贺学友这样定义有效客户——有效客户首先必须是第一 KP（key person，关键人），其次他还要有购买需求和足够的预算。

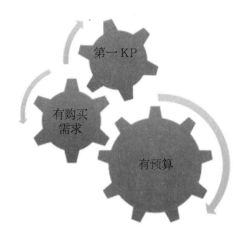

（1）什么是第一KP

KP，是指对销售结果起关键作用的人。KP大概分为3类：

一是拥有决定权的人，如中小企业的老板等；

二是没有决策权但具有建议权的人，例如中小企业的总经理、门店经理、连锁店店长等；

三是既没有决策权也没有建议权，但是他们说的话又能对有决策权的人产生一定影响的人，例如老板的秘书、亲信等。

第一KP一般是指第一类KP，即拥有决定权的人，能当场跟你拍板成交而不需要询问、参考其他人意见的人。为了提高拜访效率，销售员需要找到第一KP。

一般情况下，销售员可以通过直接询问的方式寻找第一KP，例如，"你们的总经理在吗""请问，谁是你们老板"等。但这种直接询问往往只适用于公司员工人数较少的小微企业或者门店。具有一定规模的企业往往会有规范的安保措施，这个时候销售员要想找到第一KP就不是一件易事，更不能采取直接询问的方式获取信息。很多时候你还没找到关键人，可能就被保安或前台等人拦在门外。对于这种情况，要找到第一 KP 最好采用转介绍法。

转介绍法是指借助中间人的介绍一步一步找到第一 KP 并建立对话。例如，你想找某公司的老板，但你直接去他的公司拜访的时候被前台拦住了。经过一番调查了解，你发现自己认识他们公司的一个销售。这个时候，你可以通过这个销售介绍认识他们公司的销售副总，再通过销售副总的介绍认识他们公司的老板。

根据"六度人脉"理论，你和任何一个陌生人之间所间隔的人不会超过 6 个。也就是说，即使你不认识想要找的第一 KP，最多通过 6 个人你也能够认识他。这就是转介绍法的核心所在。但需要注意的是，第一 KP 的级别往往都比较高，所以转介绍的人也要有一定级别，至少也是能够在他面前拥有较高的话语权的人。我就曾经遇到过这样一件事。

有一次，我要找某连锁酒店的第一 KP，刚好我的一个朋友在该酒店的市场部任职，我就麻烦他作为中间人帮忙介绍。我原本以为只要有中间人介绍，沟通就会顺利很多，可对方并不看好我们，没等我说几句就挂断了电话。

后来我的朋友又把他们公司的一个副总的电话给了我，我致电过去，对方决绝地拒绝了我；我加对方的 QQ 对方也没有通过。这时我就开始思考如何寻找一个突破口，我忽然想到去微博上搜索对方。经过几番操作，最后我找到了该连锁酒店的副总裁兼人力资源管理部门的负责人。

接着，我就给对方发了私信，问他方不方便介绍一下他们公司的营销工作负责人给我认识。后来他通过了我的 QQ 申请，并把他们公司负责营销的副总裁介绍给我了。虽然我当时和这位副总裁的级别有一定的差距，但由于介绍的人也是副总裁级别的原因，我和客户后来的沟通和合作变得很顺畅。

第一次我只能找到他们公司市场部的一个普通职员进行转介绍，结果失败了。第二次我找到了他们公司的一个副总裁进行转介绍，联系上第一 KP 之后的沟通和合作都变得很顺畅。可见，在使用转介绍法时，中间人对第一 KP 有一定的影响力这一点非常重要。

一般来说，如果我们想要找到第一KP，最好的办法就是想办法接触到该公司处于高层的人，如首席执行官（CEO）、副总裁（VP）等。相对而言，与他们直接交流更易于获得成功，效率也更高。

寻找第一KP的方法还有很多。如果这家公司在业内享有一定的知名度，你可以去网站搜索该公司，获取对你来说有用的信息，或者去微博、脉脉、boss直聘等平台查找与之对应的负责人，了解他们的姓名、职位等，并给其中的重要人物留一些私信，以获得与他们接触的机会。无论采取哪种方法，你都要记住，要想提高拜访的成功率，找到第一KP是首要条件。

（2）第一KP是否有购买需求

有时候，即便你找到了第一KP，也有可能面临新一轮的难题，就是第一KP没有购买需求。没有购买需求的第一KP也无法成为你的有效客户。此时肯定会有人提出疑问，客户如果真的没有购买需求，那我强迫他也不一定能成功啊！这里有一个很有意思的小故事能解答你的疑惑。

有一个销售新人从事销售工作有半年的时间了，但是业绩却毫无进展。于是他向领导提出了自己的困惑："我每次拜访客户都感觉像是在牵牛去喝水，我每次都能把牛拉到水边，但是我没有办法强按它喝水。"

领导听完后一针见血地指出："你的工作不是让牛低头喝水，而是让它觉得渴。"

确实如此，一般的销售员常常试图强按牛头喝水，结果却是行不通的。而销售高手不是逼牛喝水，而是让牛感觉到渴。所以，如果第一KP说"没有需求"，销售员的职责不在于强迫他成交，而是让他感觉自己其实有需求。那么，该如何去做呢？

这里我介绍一种方法，即策略型提问法：状况型提问—困难型提问—影响型提问—解决型提问。

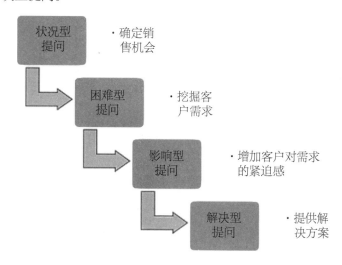

第 1 步：通过状况型提问确定销售机会。

如果你想要了解客户或商家的具体需求，状况型提问就是一个很好的方法。状况型提问就是用来获取潜在机会的"状况"信息的提问，它是大多数销售会谈的典型开启性提问。这一阶段的关键是要慎重行事，建立信任度。例如你在了解第一 KP 是否有需求的过程中发现对方并不愿意配合，此时你别急着进入主题，可以先跟对方聊聊天气或是其他轻松一点的话题，通过不断地对话寻找销售机会。有时候你对对方所处的行业可能了解得并不透彻，你只有和他多沟通才能发现问题，创造销售的机会。但如果对方不愿意和你沟通，你就可能彻底失去机会。所以，简单的状况型提问既是打开话题的钥匙，也是创造销售机会的关键。

例如，你在和一家酒店谈合作时，在通过问一些不痛不痒的问题建立信任关系之后，你就要把重点放在创造销售机会的状况型提问上："您的酒店生意最近怎么样啊？""酒店的出租率能不能做到 100%？能不能满房？""您的成本是怎么控制的？"……提问要简洁易懂，让对方能以叙述的方式跟你介绍他目前经营酒店过程中遇到的一些状况。

对方在介绍酒店经营的相关状况时，你就可以从其中的某一个环节找到突破口。例如销售员问到酒店老板出租率的问题时，老板回答："最近出租率并不是特别好，只有 20%。"接下来销售员就要问："为什么只有 20%？这 20% 的客源来源于哪里呢？"酒店老板会告诉你："有一部分是线上的客户，有一部分是线下的客户。因为酒店靠近学校，所以学生放假期间，酒店的生意就淡下来了。"

当对方提及"有一部分是线上的客户"这一点时，作为在线旅游平台的销售员，你的销售机会就出现了，因为他的需求已经出现了。你也达到了状况型提问的目的，很好地了解了客户当前的需求状况是怎样的。

第 2 步：通过困难型提问挖掘客户的需求。

我们可以把销售工作当作是医生开药方，而产品就是药品。所有的药都是为了解决病人的问题、缓解病人的痛楚而存在的，同样所有的产品都是为了解决客户的问题、克服客户的困难而存在的。每一个销售员都应该像一个医生一样，去了解和发现客户所面临的困难，这也是困难型提问的核心所在。困难型提问是解决难题的第一步，它们在销售员了解客户现状之后被提出来，目的是发现客户的需求。

例如在状况型提问中，销售员了解到客户酒店的出租率只有 20%，销售员接着用困难型提问来了解更多的信息："在这 20% 的出租率中，有多少客源是学生？有多少客源是旅行社带来的？又有多少客源是 OTA（online travel agency，在线旅游）带来的？在这几大客户群中，你发现你最不擅长经营哪一类客户群？哪一类客户群的流失最让你感到苦恼？"

经过这样一番提问，销售员就很容易锁定对方的需求是什么，是解决假期学生客源减少的问题，还是解决旅行社客源较少的问题，抑或是解决 OTA 客源较少的问题。可能在一开始，对方也并不太清楚真正困扰自己的问题所在，销售员通过困难型提问帮助他进行思考：真正困扰我的问题是什么？我遇到的真正难题是什么？如此一来，也就在一定程度上激发了他的潜在需求。

第 3 步：通过影响型提问增加客户对需求的紧迫感。

影响型提问需要从两个角度思考，在增加客户对需求的紧迫感的同时也要增加解决方案的光环。影响型提问就是促使客户考虑困难对他们意味着什么，这才是最终促使其做出决定的动因，同时销售员也可以将销售会谈从理性分析导向感性引导。这个时候，销售员等于在充当一个"天使"的角色：我是来帮助你的，我可以让你的生意变得更好，让你的影响力变得更大。例如"您如果跟我合作，那么您这家现在只有 100 个人知道的酒店，我会让它成为一个1000 个人认识甚至 10000 个人认识的酒店，让整个酒店的受众面变得更大，您愿不愿意？"等。

销售员除了要做"天使"，还要会做"恶魔"，例如"如果这个问题长久得不到改善，将会发生什么？""客户流失是如何影响到酒店运营的？""酒店的管理层对这个问题是如何看待的？"等。随着越来越多的影响被明确下来，客户购买你的解决方案的需求就会越来越强烈，越来越紧迫。

第 4 步：通过解决型提问为客户提供解决方案，满足他的需求。

解决型提问是有效的会谈工具，具体是指通过提问将销售的重点从讨论客户面临的困难和问题转移到采取正确的解决方案能够获得的利益上来。例如"我们已经为您的同行解决了同样的问题，您现在想要听一下吗？""张先生，我可以展示一下如何解决我们刚才讨论过的每一个问题，您有兴趣继续了解吗？"等。这里的下一步就是要导向你所销售的产品或服务，让你的产品或服务对应客户的需求，从而让客户觉得你的产品或服务能够满足他的需求，进而产生想要购买的想法。

（3）有购买需求的第一 KP 是否有预算

有效客户除了要满足以上两个条件之外，销售员还要确定 KP 是否有购买的预算。如果客户口袋里没钱或账户没钱，即便你成功地唤起了他的购买需求，还是无济于事。那么，如何确定客户是否有预算呢？

首先，你要明白客户是不会随便跟你透露他的预算的，同样你也不好直接询问客户是否有预算，除非你已经赢得了客户的信任。赢得客户信任的方法因人而异，例如从客户的口音、姓名、爱好、房间摆设等方面入手，拉近双方的距离。

客户一旦对你产生信任，就会愿意和你做更深入的沟通。这个时候，你就可以试探性地为客户推荐不同价位的产品或服务，然后观察客户的反应，通过客户表情、动作、语言的细微变化来判断客户的预算。

如果客户连价格最低的产品或服务都不能接受或没能力接受，那就说明他没有这方面的预算，那么他就有可能不符合第一 KP 的要求。但你也不必就此放弃，你还有机会说服他增加预算。例如，"我相信您只要使用我们的产品，就能将公司的业绩提高 20% 以上。""当您还在犹豫的时候，您的竞争对手已经用我们的产品在一年内实现了业绩翻倍。"……如果经过你的这番劝说，客户还是不为所动，那说明他真的没有预算，你也就可以将他排除在第一 KP 之外了。在客户源头能否锁定第一 KP，将决定你的签单过程是否顺利，进而决定你的签单成绩是否理想。善于发现并锁定第一 KP 的销售员，业绩都不会太差。

05

及时提出 Close，拿下订单

很多人都问我高效签单的秘诀是什么。我认为，高效签单的关键就在于，及时提出 Close（一般指销售沟通中及时提出结束），遇到一个有效客户能用两个小时签单，绝不用两个半小时。

首先我们来明确一下 Close 的定义。Close 是指完成销售，客户签订合同并付款。对于销售员来说，提出 Close 不是难事，困难的是当你提出 Close 后，客户拒绝时该如何面对。

下面我通过一个案例再现一下情境。

销售员："张总，您看我们都聊得差不多了，合适的话咱们就把合同签了吧！"

张总："我再考虑考虑！"

销售员："您再考虑什么呢？是哪个方面还存有疑问吗？"

当你提出 Close 时，客户说要再考虑一下其实是正常的反应。此时销售员要坚持一个原则即"主动争取让客户答复而不是等客户答复"。有的销售员为了能够给客户留下好感，会留给客户思考的空间，如回答"那行，您再好好考虑考虑"，最后客户考虑的结果可能就是不再考虑你。

因此，当客户说要考虑一下时，你需要争取让客户尽快说出真实的原因，如："张总，您能告诉我您在担心什么吗？今天刚好咱们都有时间，可以详细说清楚。"

当你如此提问，客户见你态度直接坦诚，往往也会坦诚地告诉你他不愿意Close的真正原因："其实我也没有什么疑问，只是还要再考虑考虑，毕竟我也是第一次接触你们这个产品。"

了解这种情况之后，销售员就可以接着回答："张总，您的想法其实我也很理解，但是您看现在是不是这个情况，价格方面咱们没有争议，产品的质量您也看得出来，是很有保证的，您到底在担心什么呢？其实咱们这个产品赶早不赶晚，早使用一天，您就能早一天降低运营成本。您说，是这个道理吧？"

"早使用一天，您就能早一天降低运营成本"这句话多少会给客户带来一定的冲击，此时销售员再将各种利益摆在客户面前，让客户无法找出其他理由进行遮掩，就不得不说出他真正的顾虑，例如"不瞒你说，我这段时间账户上的钱不多，预算不够。所以我现在只能等合作方结了款，才有钱来计划这件事情。不是我不想做，关键是我现在没那么多的钱。"

从客户的回答中，销售员得到一个很关键的信息就是"客户现在没足够的钱，预算不够"。此时销售员需要进一步确认："原来是这样，我很理解您的这个顾虑。张总，您觉得大概什么时间这笔预算会到位呢？"

销售员把问题又抛给了客户。聊到这一步，客户也就不必再遮遮掩掩，会更加坦诚地说明自己的真实想法："我是这么想的，如果可以的话，我们在这个月月底就把这件事情定下来。不瞒你说，其实我还在跟另外一家接触，你的产品价格比他们的要贵一点。"

销售员接着问道："哦？张总，您觉得贵具体是指哪一方面呢？"

客户答道："你们的产品比他们的报价要高出 1000 元。"

这时销售员可以从客户的回答中确定以下两个信息：一是客户对你的产品确实是有需求的；二是客户想要以低于当前的价格来购买产品。

基于这两点，销售员可以做进一步的解答："张总，其实是这样的，您说的这个情况我也是了解的。其实我们的产品和对方的产品设计不一样，我们的产品是业内的顶尖设计公司 ×× 设计的，使用体验上要好得多。另外，我们的产品承诺提供 5 年的免费保修期，对方只提供 3 年的免费保修期。您算一下，多出来的 2 年免费保修期可以为您节省的钱可能不止 1000 元吧？"

张总："原来是这样啊。我想了解的信息基本都已经了解清楚了，回头我还要把这件事跟我们老板汇报一下。"

销售员从张总的话语中可以得知对方不是第一 KP，但不要简单地回复一句"好的"就结束对话。既然对产品的相关信息了解这么多，说明这位张总虽然不是最终做决策的人，但是对第一 KP 的决策有较大的影响，因此销售员还要向他确认一个问题："刚才您说的两家价格不一样的问题。如果是您，您会选择哪一家呢？"

张总："虽然说你们的东西确实是贵了一点，但产品质量我还是放心的。另外你刚才提到的保修期问题，我觉得也挺重要的，售后服务做得好的产品，我们会更青睐。"

销售员借机继续追问："我冒昧地问一下，以您对您老板的了解，您觉得他选择我们的产品的可能性大吗？"

张总："可能性还是不小的，毕竟你们的产品质量在那里，但如果我们老板从成本角度考虑，不关注性价比，可能就会选择价格较低的那一家。"

销售员："到时还要麻烦您帮我们在您的老板前面多美言几句啊！"

张总："一定一定。"

在这个案例中，销售员通过提问不断地清除 Close 路上的障碍，将局势朝着有利于自己的方向扭转，为最终的 Close 做好铺垫。

此外，在提出 Close 时，销售员还要用好能影响客户的四大武器：**同行享受的服务细则、同行的产品排列页面、同行的反馈和同行签字成功的故事**。带着这些资料提出 Close，会让客户觉得你诚意十足并做了十足的准备。

这里的同行，指的是客户的同行，而不是销售员的同行。客户的同行也是客户的竞争者，他们的出现会给客户带来一定的压力，所以销售员带来有关客户同行的五大武器，有助于拿下订单。

同行享受的服务细则。客户购买一项产品或服务，除了购买产品或服务本身，也非常关注产品背后的服务或福利等。如果销售员能够向客户提供他的同行已经享受到的服务，甚至比那更好，要实现 Close 也就不难了。做到这一切的前提是要有同行客户享受的服务细则做对比。因此，在 Close 阶段，准备充分就显得非常重要。

同行的产品排列页面。为了让客户信服你所推荐的产品契合他的需求，提供他同行的产品排列页面是一个不错的办法。如果客户从他同行的产品排列页面中看到你销售的产品，他必定会考虑"我也要有这个产品"。毕竟对于商家来说，做到"人无我有，人有我优"是最基本的竞争策略。如果竞争对手已经在经营的产品自己却还没有，显然会导致自己陷入被动局面。相信任何人都不希望看到这样的局面。可以说，在 Close 阶段，备上几份已经成交的客户的同行的产品排列页面，是最有说服力的武器。

同行的反馈。来自同行的反馈对客户来说最具有说服力。因为同行的反馈在一定程度上能显示出这项产品或服务的契合度、质量和性能的优劣。因此，销售员要多收集客户同行的反馈，尤其是名气大的、知名度高的同行反馈，他们的反馈具有一定的权威性，更能有效说服面前的客户成交。

同行签字成功的故事。人人都喜欢听故事，故事的趣味性也能让客户自觉去领悟故事背后的价值，所以销售员可以准备几个客户同行签字成功的故事。成功故事的选取要有代表性，例如对方一开始游移不定（跟销售员要成交的客户情况类似），最终却选择了信任销售员并主动提出签字的故事，再如客户一开始已经选定别家的产品最终却更换选择的故事等。这样做既能迎合客户当下纠结、犹豫的心理，同时还能让客户从你所讲述的故事中得出"你的产品质量过硬、功能好、物美价优"等优点。

我每次拜访客户时，能用两小时签单绝对不用两个半小时。及时提出 Close，并提供方案和他的同行信息，让客户无法抗拒，从而成功拿下订单。拿订单要趁热打铁，在客户对你的产品产生好感的最高点时提出 Close，就能有效提高成交效率。

Top Sales 的杠杆成交法

我们都知道阿基米德有句名言："给我一个支点，我能撬动整个地球。"阿基米德使用杠杆和支点能够达到"四两拨千斤"的效果。在销售领域同样如此，销售员借助某个资源作为支点，也能有效促进销售。

销售员要想使用杠杆成交，就必须先找到杠杆和支点。

杠杆有两端，一端是你的客户，另外一端就是你及你所在企业的优势。你的优势越大，就越是能够撬动客户成交。

其后，我们还需要找到关键的支点。只有支点正确，才能省力又有效。在我的销售经验中，常用的支点有 6 个，分别是广告、低值易耗、优秀店长、折扣、软文推广与包装。

（1）广告

很多品牌每年会花费高额的费用去投放广告，虽然前期投入很多，但这是最快让客户知道自己产品或服务的办法之一。一旦广告辐射开来，不仅有助于扩大产品的知名度和影响力，也有助于传播品牌理念和价值。这也就是为什么很多公司会邀请名人做广告，因为名人知名度高，拥有的粉丝多，利用"名人效应"能迅速地传播产品，形成自己的客户群。

我们如何通过广告撬动客户成交呢？最简单的做法就是把广告作为附加价值赠送给客户。例如，与我们合作的酒店都可以免费在我们的会刊上刊登广告，而我们会刊的影响力可以帮助他们提升品牌的知名度，收获更多的潜在客户。

（2）低值易耗

低值易耗是我所从事的酒店行业的一个特点。举个例子，每个酒店都会购买牙膏、牙刷、洗发水等用品，但是这些产品价格不一，购买单价20元或30元的产品，最后花费的成本是不一样的。所以在这一方面，我们要尊重客户的需求，按照客户的需求执行。

很多销售员往往会让客户迎合自己的想法，例如给客户推荐价格高或不符合客户酒店档次的产品，这不仅会让客户质疑你的专业能力，还会怀疑你目的不纯，自然难以成交。

（3）优秀店长

对于酒店企业来说，优秀店长对一个店铺的发展和盈利有着至观重要的作用。优秀店长的沟通能力强，又积极主动、善于学习，工作认真负责，任劳任怨，客户评价也很高。但是现实情况是很多客户请不起优秀的店长，而一般的店长他又看不上。针对这种情况，我们提供了店长培训体系。这也是我们常用的杠杆成交法的一个重要支点。

店长培训体系各式各样。总体说来，一个优秀的店长培训体系包括以下几点：

一是明确店长的角色定位、服务意识及系统管理能力。

有些店长常把自己的身份定位在超级员工，常常奔波忙碌于各类事务中。其实这不是一个优秀店长该做的工作。优秀店长要把更多的时间花在沟通、总结和计划上，提升自身的系统管理能力，既不事必躬亲，又能成功掌控局面。

二是始终贯彻企业文化的宣传和输入，包括企业的经营理念和发展愿景。

企业文化是一种强大的软实力，能够让店长形成强烈的认同感，从而能更加全情地投入到工作中，提升业务能力。

三是提高店长的领导才能。

店长是管理者，因此领导技能的培训也是培训体系的重点内容。尤其是在管理新员工方面，比如如何有效辅导新员工快速进入工作状态等。而对老员工，店长同样也需要学习采取什么技巧能有效激励老员工更好地贡献自己的力量。

（4）折扣

折扣是很多销售员眼中的"撒手锏"，他们觉得一旦对客户使用折扣，那么客户就不会轻易放弃这个好机会。但折扣真的是万能的吗？当然不是，所以我常常告诉我们的销售员：你可以适当地申请折扣，但是一定要有理由。

首先我们要判断客户对折扣的需求。有的客户是基于占便宜的心理而提出折扣的要求。我曾经遇到过一位合作方，资产丰厚到上过富豪排行榜。当时我们在跟他谈合作的时候，他说的最多的是让我们给他折扣，虽然他很有钱，这些折扣对他来说可有可无，但是他就是坚持要折扣。这就是占便宜心理，他希望获得占便宜的感觉。对于这类客户，你就要适当地让出一点折扣，满足他占便宜的心理。

除了受占便宜的心理的影响外，有的客户会试探性地问你要折扣。这时我们就要判断客户值不值得我们去申请折扣。判断的关键就是对方除了要折扣外还提出了什么问题。例如你给客户报的加盟费是 5000 元，客户却只愿意付出 1000 元，两个价格间的差距过大，你自然无法答应客户。

这时你应该觉察到其中的"奥秘"——如果客户提出的折扣过高，在某种程度上反映出一个问题，他在试探你，同时也反映出客户成交的愿望不强，他可能只是通过提出高额折扣的方式来搪塞你。对于这类客户，你就要回到 Close 之前的销售环节，再次了解他的真实需求和不愿成交的原因。

（5）软文推广

随着互联网的发展，软文推广的影响力越来越明显。短期看是为了拉动产品的人气，带动销售，从长期来看，企业也是想要打造品牌形象，甚至是重新塑造品牌价值，让客户能对产品留下一个好印象。

软文要想写得好，受到目标客户的关注，就要符合以下几点要求：

第一，软文要围绕产品和服务展开。不少销售员写的软文常常脱离产品和服务，导致客户看完全篇文章还不知道你是做什么的，那么你就是做了无用功。所以，软文营销首先就要围绕产品和服务展开。

第二，软文要突显出产品和服务的特点、要点，这也是做软文推广的目的：用产品或服务的独特功能吸引客户产生兴趣，引起客户的关注，进而激发客户产生了解、购买产品的想法。

第三，软文要展现出不同人群对品牌的不同认知和不同时期产品或服务的特点。

软文如果千篇一律，让客户没有新鲜感，你就无法达成软文推广的目的。要想做到吸引客户阅读，那么你的软文就要展现出不同人群对品牌的不同认知和感受。如果你的软文只针对单一人群来介绍，那么辐射范围就十分有限，影响力也会有限。

同时，软文也要展现不同时期产品或服务的特点，这样才能让客户对你的产品或服务形成全面的认知，才能让客户感受到你的产品或服务是有生命力的，在不断成长、创新。有的销售员在写软文时，总是反复在讲产品或服务的某一个时期的某一个特点，这种做法缺少说服力，更难以产生阅读的黏性。

软文推广除了要写出优质的软文，还要做好推广的工作，选择流量大、互动强的平台进行推广，可以让更多的用户第一时间接触到你所推出的软文。例如我们公司有个微信公众号，我们会定期在上面更新文章，把优秀的或有特色的酒店，尤其是一些网红酒店拍摄的精美的照片，配上"戳心"的文字发布出去，来吸引我们的客户。

（6）包装

包装看似简单，其实也是非常重要的成交杠杆。例如，面对同一款产品，具有美感的照片更能吸引人们的目光，更能激发人们的购买欲望。某种程度上说，照片拍得好，你就吸引了客户一半的目光。因此，我们公司会定期邀请一些网红前来拍摄一些精美的照片，吸引更多的客户关注。

很多东西都是需要包装的，即便是以福利、折扣等方式去吸引客户，同样也要包装。举个例子，我们会给在 2 月份签约的客户赠送福利，如赠送拍摄和会刊的广告位等，因为签约时间在年初，所以我们称 2 月份签约的客户为"开门红业主"。

送福利一定要有由头和主题，而不是直接告诉对方我能送给你多少东西。

过早地暴露你赠送的福利，不过是让你的福利变得不值钱，让客户觉得你的赠品没有价值。所以切记，即便是送福利，也要有由头。

杠杆成交法其实是一种借力或省力的成交方法。当然，我是针对酒店行业的特点总结了以上 6 个杠杆成交的支点。不同的行业，支点也会不同，这就需要销售员参考以上 6 个支点，再结合自己行业的特点以及销售经验，寻找、发现适合自己的杠杆成交的支点。

谨记"五常"，每个人都有机会成为 Top Sales

从一名普通的销售员到成为 Top Sales，其中艰难重重。我并不认为我是天赋异禀，或是"如有神助"。行走在销售这条路上，帮助我成功的原因是我谨记"五常"，即常自律、常沟通、常思考、常总结、常分享。这种坚持使得我在保持行进的过程中收获颇丰。

（1）常自律

被誉为"销售天才""世界营销领域最有影响力的 25 人之一"的畅销书作家安东尼·伊安纳里诺说："从平庸到卓越，最大的决定因素就是自律。"他认为优秀销售者必备的心态中，自律排在第一位，并且是其他良好心态的前提。

对此，我深以为然。如果你能保持自律并坚持下去，你会发现你的人生和状态发生着重大的变化。

在十几年的销售生涯中，我认为销售员的"常自律"表现如下：

严格的生活作息习惯。保持严格的作息习惯对销售员来说是一件很重要的事情。比如，为了保证相对充足的睡眠，要尽量晚上11点入睡，早上6点起床；或者保证不赖床，闹钟响铃后就果断、快速地起床，等等。

这里需要提及的一点是，要想保持严格自律的生活作息习惯，就意味着你要少玩乐、少看电视、少追求眼前的快乐，将注意力专注在自己的工作和要行进的事情上，而不是将之浪费在无意义的娱乐和诱惑上。

保持良好作息、集中精力，是销售员"常自律"的核心。

严格的开发客户的习惯。开发客户对于销售员来说，是保证其业绩的重要行为。严格的开发客户的习惯是指摸索、制定出一个最适合自己的开发客户的流程和计划，并严格执行。在我的销售生涯中，我始终保持着这样一个开发客户的习惯：每日10通电话筛选，10通电话的二次判断，以确定谁是我的意向客户和真正客户。

开发客户是一个烦琐的过程，包含了搜索客户资源、确定客户数量、对客户进行分级管理等。销售员必须根据自己的实际情况做好每个阶段的时间和任务分配，以确保高效的结果。

需要注意的是，习惯养成之后还要根据实际情况对时间和任务的分配进行微调。比如，你刚开始做销售的时候，因为没有稳定的客户资源，可能要投入大量的时间搜索客户资源，一旦手中有了一定客户数量的积累，就要相应地减少搜索客户资源的时间投入。

严格的拜访习惯。每一个 Top Sales 的拜访习惯中都会严格抓住3个环节：拜访前的准备、拜访时间的确认和拜访后的总结反思。

销售员在拜访客户时，首先要检查自己是否带好了必需的资料，如名片、拜访客户的名单和联系电话、相关销售资料、合同等。

其次，严格确认拜访每位客户的时间。每天尽可能早地去拜访客户，越快与客户见面越好。因为接触到的客户越多，就意味着你的机会越多。

最后，拜访客户结束后要做好回顾反思的工作，例如记录、确认拜访客户的资料，总结自己一天的工作目标完成得如何，提前准备好第二天要拜访的客户资料等。

这3个环节中的自律拜访行为能够使你的拜访事半功倍。

（2）常沟通

沟通的好处在于能够获取到有效信息，寻求更多的帮助和支持，让更多的人了解你的想法。

常与积极上进的人沟通。积极上进的人身上有一种能量，他们的乐观能够感染你也积极行动起来，让你觉得每一天都很新鲜，辛苦付出是一件很值的事情。相反，如果你每天和爱抱怨、不思上进的人在一起，他们的负能量也会感染到你，让你也慢慢变得爱抱怨。

常与优秀的人沟通。优秀的人身上都有着你需要向之看齐的优点，你要留意他们的思维方式和看问题的角度，积极学习他们的成功经验。我的团队中有很多优秀的人，每次跟他们交流，我都能收获到一些新想法、新思想，而这些想法也拓宽了我的思路，让我能以一个不同的甚至全新的角度看待问题。

常与管理者沟通。不少销售员遇事不与管理者沟通，自己默默忍着痛苦、默默崩溃，很可能直到自己最后放弃了，管理者还不知道你经历了什么。因此，当你遇到困惑、困难、障碍等，要积极与管理者沟通，向其反映问题、寻求帮助。

常与外区域、外部门沟通。"术业有专攻"，每个领域都有其各自的优势，不要永远只是想着"犁你的一亩三分地"，多与外区域、外部门沟通，了解新趋势、新变化，拓宽自己的思路，了解更多的信息。

常与家人、朋友、爱人沟通。家人、朋友、爱人是我们背后温暖的力量，能够给我们提供精神支持和爱的肯定。当你内心疲惫时，家是你温暖的港湾，让你感受到生活的美好，进而涌动起力量去拼搏。你可以如实地向你的家人、朋友和爱人倾诉你的困惑，展现你的软肋，不必假装。这种真实的沟通，也是一种心灵的滋养。

（3）常思考

在某种程度上来说，把时间花在思考上是最能节省时间、创造价值的事情。销售员要想实现突破、获得进步，就需要常思考。

思考人生目标。拥有一个清楚明确的人生目标是一件很重要的事情。你要如实思考以下问题：你能做什么？你想要什么？你是怎样的人？你要成为怎样的人？怎样完善？……不断完善自己的人生是一件很有意思且值得的事情，只有正在实践这一过程的人才懂得其中真正的意义。

阅读书籍并坚持思考。读书能使人明智，而对书本的思考也能让人受益良多。我常阅读的书籍分为两类：励志和管理。励志类书籍能够在精神上帮助我攻克苦难，管理类书籍能教导我用一个管理者的思路和方式去带领自己的团队。读书让我不断地去反思自己、思考人生。

思考工作中的障碍。对障碍、困惑的思考是很有意义的一件事情。销售员需要对销售工作中遇到的障碍、困惑进行思考，并得出新的感悟。比如，在快要签单的时刻，客户忽然就反悔了。此时销售员就要思考：为什么会出现这样的局面？是不是自己说了不该说的话或做了不该做的动作？这些思考既能帮助你有效解决问题，又能使你因思考而获得成长。

（4）常总结

总结就好比堆砌台阶，是往上走的基石。做总结就是回顾昨天的"我"，提升今天的"我"，实现明天的"我"。

总结销售方法。销售方法需要常常总结、更新和补充，没有最好的销售方法，只有更好、更适合的销售方法。销售员在每次销售行动结束后，都要总结这次销售过程中获得的经验、出现的不足等，并记录在册。等你想要回顾的时候，你会感谢你的这个习惯。

总结所得。思考所得、学习所得、沟通所得，这些都要系统地总结并记录下来。

总结自己的进步与不足。总结自己的进步与不足是很重要的工作。好的方面需要保持精进，而不足则需要进一步分析原因，寻找对策。销售员在总结自己不足的时候，需要真实、客观，可在每个总结点的后面注明具体的案例、原因等，以便有迹可循。

（5）常分享

你有一个想法，我有一个想法，分享之后，我们就各自有了两个想法。保持分享，你会收获更多。

每天工作结束后，我们团队都有一个分享会。销售精英分享自己的成功经验和故事。业绩一般的销售员也会做自我总结分享，总结自己业绩出现状况的原因和改进的方向。分享的人都要站在台上，像一个演说家一样对着其他人进行分享。每个人都能从自我复盘和别人的分享中获得激励。

此外，每一次分享会都是一个向大家展示自己的好机会。你的某句话或某段经历、某个经验一旦让别人深有感触，你就能收获对方的友好和支持。同时，别人对你的反馈其实是对你最好的帮助。他从他的视角去看待你，就会产生不同的看法和理解。如果你能正确听取他给你的建议，你就能因此获得提升。

"五常法"让我做销售的每一天都"如获新生"，产生新的变化。今天的自己能够比昨天做得更好，明天又会比今天做得更好。我相信，每一个在销售路上坚持做到"五常"的人，都有机会成为一名 Top Sales。

第 2 章

借假修真：

正能量对待每一件事

具有激情的最笨讷的人，也要比没有激情的最雄辩的人更能说服人。

——弗朗索瓦·德·拉罗什富科

01

做销售一定要有激情

2010 年，在阿里巴巴的《六脉神剑》宣传片中，我代表"激情"参与了拍摄。"激情"不仅是我工作中的状态，更是我对销售工作的认知。一个销售人员，如果没有激情，是很难做出好的业绩的。

人们在无法完成任务时，总会列出很多的原因和理由，但结论只有一个，就是"我没有完成"。如果总是以"缺乏这个""那个也不行"作为借口，那么你总是能为自己的失败找到"合适"的理由。如果你以这样的状态去工作，你的工作就会毫无起色，你的事业就会停滞。

我对"激情"的理解就是：当你不把工作当累赘，而是去享受它，让它成为你生命的一部分，借假修真，把在工作中遇到的困难看成"假"，把自己的成长看成"真"，就会充满激情。

我做销售时，尽管早出晚归、生活窘迫、困难重重，但我从来都没有过放弃的念头。我不觉得累，反而觉得很兴奋，觉得人生每天都有着无尽的可能。

对销售充满炽热的激情，就是你从早到晚都在想着这件事情，想着如何能做出更多的业绩，成交更多的客户。每天睡着想这件事情，醒着也想这件事情，"24 小时"都在思考相关的问题。

激情的英文是"PASSION"。分别用这 7 个字母作为打头的 7 个英文单词，则是做销售需要考虑的最重要的事情。

Profit（利润）：如何把销售额做到最大，把成本降到最低。利润是销售员的外在动机，是你业绩做得好的衍生品，但也要明确，追求利润的路上要"有所为，有所不为"。

Ambition（野心）：渗透到意识中的"必胜"的决心。野心是销售员激情的内在动机，是始终推动销售员前行的强大力量。

Sincerity（真挚）：做销售要真挚，让你的客户因为你的到来而"赚钱"，而不是你去"拿"客户口袋里的钱。

Strength（强大）：做销售要有一颗强大的内心，必须具备随时随地绝处逢生的勇气。

Innovation（创造）：创造业绩，不断刷新成绩。

Optimism（乐观）：做销售要保持积极、乐观、向上的态度，胜不骄败不馁，抱着希望和梦想去做好每一天的工作。

Never give up（永不言弃）：做最坏的打算却付出百分之百的努力，坚持不懈地将自己选择的道路行进下去。

利润、野心、真挚、强大、创造、乐观、永不言弃，这也是我在做销售时每天践行的原则。正是靠着对这些原则的坚持，我才能成为阿里铁军中"激情"的代表，才能在极短的时间内从一名普通的销售员成长为 Top Sales。

很多人会问：如何保持激情？难道保持激情就像"打鸡血"一样时刻保持

亢奋的状态吗？

是，也不是。

说"是"的原因是激情会像打鸡血一样渗透在你的每个细胞和毛孔里，让你兴奋；说"不是"的原因在于，如果你的内心没有强大的目标、伟大的愿景作为支撑，没有来自内心力量的支持，那么打鸡血也只是一种形式上的激情。

很多人可能又会提出疑问：做销售保持激情，是一种什么样的状态呢？

我给你做一个比喻，你就会有所体会。

如果你选择做销售是出于养家糊口，或是出于被迫选择如"找不到一份更好的工作只能选择做这个"的心态，那么很快你就会在工作中丧失斗志，即便每天打鸡血，还是感觉无趣。时间久了，你会觉得疲累，更无法保持激情。

如果你选择这份职业是因为怀抱远大的理想，如挑战自我、创造业绩、成为 Top Sales、给家人更好的生活等，你就会获得来自内心的力量，每天也会全情投入到工作中，相信自己会实现理想。当你用一个更宏伟的目标支撑自己去行动时，你就会受激情驱动。无论遇到什么状况，你都能接受，会有不达目标誓不罢休的气势。

在激情的驱动下，你完完全全是在做事，而不只是为了挣钱。不少销售员一味地追求利润并为之疯狂，其实这是一种消耗自己、消耗客户的表现。一旦你是"利润至上"者，你将难以展开你的大事业。你很容易就会被"蝇头小利"吸引，难以做长远的打算。

你的销售事业要对与你共同奋斗的人有利，对你的客户有利。马云在阿里巴巴的销售培训课堂上说过一番话："我们要求销售人员出去时不要盯着客户口袋里的 5 元钱，你们负责帮客户把口袋里的 5 元钱变成 50 元钱，然后再从中拿走 5 元钱。每一个销售人员都要接受这种培训。"我认为这就是对客户最真挚的心意。只有让客户感受到你的真挚，他才能放心地把订单交给你。

只有真挚还不够，你还要有一个强大的内心，做好时刻被客户拒绝，却又能时刻绝处逢生、继续奋战的准备。你要提前考虑到各种有可能会发生的危机，例如客户拒绝我怎么办？出现新的竞争对手怎么办？客户突然改变主意怎办？等等。你必须将这些潜在问题考虑到你的计划中，并积极想出对策。这样你在实际销售中遇到困难的时候，就会生出无限的勇气去克服难关。

为了能有效地规避风险，持续拥抱激情，你要不断地实现创造，不断地去刷新成绩。你每天都要做好规划，脑海里要想着这些事情：我每天能成交多少单？销售额达到多少？与昨天相比，我多（少）成交了多少单？等等。让自己每一天都处在积极的战斗中。

对销售工作来说，保持积极、乐观的情绪是至关重要的。我曾经有很多同事都是因为对前景抱着悲观的态度，所以总是坚持不到最后。一旦连续遭遇打击就会产生深深的自我怀疑。事实上，销售面临失败是在所难免的，如果没有积极乐观的情绪支持，即便具备勇气，你的每一天也会变得很辛苦。如果你能够时刻保持乐观的情绪，当你遇到困难的时候就会受到乐观情绪的感染，每一天都充满活力，积极应对一切挑战，努力创造更好的业绩。

最后，保持激情，就是有一种永不言弃的精神，有一种"咬定青山不放松"的精神，用百分之百的努力做最坏的打算，全情投入其中，坚持不懈地在自己选择的道路上行进下去。销售看上去销售的是产品，其实是在销售你自己。只有当你为客户所信服，你才能赢得客户的心。在你努力的过程中可能会遭遇重重的失败，关键就在于你是否能保持永不言弃的精神，坚持到最后一刻。

我在做销售的时候，每每想要放弃时，都会想起音乐家贝多芬的故事。

贝多芬晚年面临双耳失聪的严峻考验，可依然没有放弃对音乐的追求。我相信他的内心有激情在激荡地燃烧。即便双耳失聪，他依然抱着永不放弃的精神去投入创作，最终创作出了《命运交响曲》，奏响了生命的激情之歌。

当你选择走上销售这条路时，可能有很多人问你：你的追求是什么？你能做到何种程度（突破多少的销售额）？在最开始，你可能回答不上来。事实上，做销售工作最重要的不是业绩中的数字，而是保持激情，让自己为每一天的奋斗而感到幸福。

回想起自己代表"激情"拍宣传片的那一天，我仍然心绪难平。当时我脑海中出现的竟是自己努力拜访客户、不断刷新业绩的场景。可以这样说，如果没有激情的支撑，我无法在销售这条路上走这么远，走这么久。总之，做销售一定要有激情，相信自己等于相信一切。将激情融为你潜意识的一部分，迸发出巨大的能量。

困难都是假的，成长才是真的

2008 年 9 月，我一个月签了 39 单，在整个阿里铁军内业绩排名第 2。

做出这样的成绩并不是一蹴而就的，其间也经历了各种困难。首先在我的职业生涯中，我没有分到一个"电话栗子"。所谓电话栗子就是意向比较强的潜在客户名单。事实上，电话栗子也并不难得，基本上每个人去签到都能获得，可主管从来没有分给我任何一个电话栗子。

当时我心里产生了一些负面情绪，抱怨主管为什么把电话栗子分给别人，不分给我。带着怨怼的情绪工作起来更是觉得诸事不顺，有些我觉得完全能签下来的客户却怎么也签不下来。我当时无比沮丧，总觉得困难重重，难以逾越，甚至沉溺在自己构造出来的负面情绪中难以自拔。

但是很快，我就意识到这种怨怼的负面情绪只会让人沉溺并丧失斗志，更难以获得进展。于是，我强迫自己从中挣脱出来，打破自己脑海里既成的观念——"没有电话栗子根本不可能签单""只能做到这么多了""我无法克服这个困难"……竭力去突破壁垒，不断地告诉自己："一切都有可能""没有电话栗子我也能做出出色的业绩""我相信自己会成为优秀的销售员"……慢慢地，我发现事情开始朝着另外一个方向发展。

我曾经拜访过一位客户，他当时的态度很不配合，最后以一句"我再考虑考虑"就把我打发了。后来我回去就在反思这次拜访过程中我们交流的每一句话，回忆客户都说了什么，我自己又说了什么，哪句话对推动销售进程很重要。最后我想到客户曾提了一句"我不知道你们的产品效果怎么样"。于是，在这次拜访之后，我找了很多能打消客户对产品效果顾虑的资料。尤其当我了解到这位客户的一个竞争对手也购买了我们的产品时，我的信心又增添了几分。

等到我再次拜访的时候，客户对我的坚持感觉到很意外。我也开诚布公地把我的方案和整理的案例向客户一一陈述。在这个过程中，我发现客户的态度慢慢缓和下来，后来竟然跟我一起就他们所遇到的问题展开了讨论。

最后，我成功签下了这位客户。

这次的签单经历让我意识到，困难都是假的，成长才是真的。很多困难都是自己想象出来的，事实上它并没有那么强大、可怕。大部分人在面对想象出来的困难时，都会选择逃避或绕开它们，真正有效且实用的办法其实是面对它们，同它们打交道，以一种明智、积极、进取的方式与它们战斗。

做销售其实是一份与自己较劲的工作，比起战胜外界有形无形的困难，战胜自己才是最实际、最重要的。每一次战胜自己的过程都是获得成长的机会。当然，要抓住这些机会也并非易事，你需要做好以下几件事。

（1）时刻反省

人需要保持反省的意识。不少人之所以觉得困难重重，往往是因为缺乏反省的精神，不能对失败的过程进行反思，总结出对现实行为有帮助的结论，这时候失败仍是"失败之母"。

只有通过自身的检查、反思和剖析，才能真正地认清阻碍自己行进的障碍是什么，最后你会发现，绝大部分你想象出来的障碍都不是真实的。很多销售员总是把阻碍自己行进的困难归结为客户、环境等原因，例如他觉得客户不配合自己、自己分到的销售区域不好等。事实上你的这种愤愤难平的心理反而是你行进路上最大的阻碍。

无论面对何种困难，你首先要做的是正视它，然后再认真分析它究竟是客观存在还是因为你的想象而引发的。如果是客观存在的，那么接下来就要思考如何应对和解决；如果是自己想象的困难，你需要做的就是自我调整，以更加自信的状态前行。

（2）具备信念感

人具备信念感是一件非常重要的事情。缺乏信念感的人做事会没有精神，也很难坚持下去。销售人员应该具备的信念感有："我相信我可以""我一定可以完成这个任务""没有什么能真正阻挡我，除非我自己不愿意做"……相信自己并真正地做出努力，这是信念感的巨大力量。

有不少销售员也会有"想这么干"的愿望，但是又因为出现的各种障碍而轻易放弃了自己的追求，停留在原地难以发展。越是产生畏难的情绪，就越容易丧失信心。相反，具备强信念感的人则会想方设法地解决问题，直至达成目标。

具备信念感的销售员，会收获勇往直前的勇气，不会惧怕任何困难和挫折，什么时候都可以找到一个可以坚持下去的理由。即便明白自己不一定能立即取得成功，也会对未来充满信心，坚定地朝着自己的目标努力，不会轻易退缩，永远怀抱着必胜的决心。当销售员真正地从内心坚定这一切，他不会花时间在踟蹰不定上，更不会揣测自己如果失败了怎么办，而是立即行动起来。

（3）全力去做

写出闻名世界的著作《瓦尔登湖》的美国作家亨利·戴维·梭罗曾这样写道："一个人若能充满自信地朝着他梦想的地方前进，努力经营他所向往的生活，那么他就可以获得意想不到的成功。他会把某些事物置于脑后，跨越一条看不见的界线；新的、更广大的、更自由的法则将围绕着他，并且在他的内心建立起来；或者旧有的法则将要扩大，并在更自由的意义上被做出有利于他的阐释，而他就可以获得一种更高级的生活秩序的资格。他的生活越简单，宇宙的法则也就越显得简单，寂寞将不再是寂寞，贫困将不再是贫困，软弱将不再是软弱。如果你造了空中楼阁，你的工作不是徒劳无功的。"

这段话很好地诠释了我所想要表达的内容。如果你对自己所从事的工作怀揣梦想，并朝着这个梦想矢志不移地走下去，你就会收获你想要的成功。虽然在这条行进的道路上，你有很多的苦要吃，有很多的困难要战胜，但是只要你的内心被更高层次的目标所占领，这些就都不再是困难。

我也曾经历过彷徨期。在那一段时间里，我总是在衡量得失，也因为患得患失而不敢行动。同时我还总觉得自己怀才不遇，甚至觉得任凭自己怎么努力都是没用的，所以迟迟不愿意付出行动。后来，我痛定思痛，从负面的情绪中走出来后，发现以前摆在我眼前的困难不过是浮云。没什么比脚踏实地的努力更重要，一旦你开始行动起来，你就会发现没有什么能阻挡你前进的步伐。

（4）磨砺心志

"天将降大任于斯人也，必先苦其心志，劳其筋骨，饿其体肤，空乏其身，行拂乱其所为。"这是一句我们耳熟能详的孟子的名言。对于销售员来说，磨砺心志也是克服困难、实现成长的重要一环。具体来说，销售员做事要有恒心、耐心和决心，用每天辛勤、认真的工作来磨砺自己的心志，甚至多去尝试一些自己不喜欢的或者对自己来说有困难的任务，这些都有助于销售员获得成长。

如今回想起来，对于曾经没有分到电话栗子的事我不但不再抱怨，反而充满感恩。正是那些当初看起来难以跨越的困难，逼着我快速成长，才有了我今天的成绩。

03

业绩是自己逼出来的

在阿里铁军销售冠军 PK 时期（阿里巴巴借用"百团大战"来称呼这种业绩竞争），每个团队、每个销售员都进入了"战斗"的状态。受到这种氛围的感染，我每天更是充满了激情。我记得有一个月，我在月初定的业绩目标是70 万元，当时我们团队的总业绩目标是 100 万元。一个人完成整个团队 70%的业绩目标，这在很多人看来都是疯狂的举动。但是，月底的时候，我如期完成了 70 万元的业绩目标。

说这些并不是想要炫耀我的成绩，而是想告诉你：我付出了超出常人、超越过去的努力才得到这样的结果。

每个人都有着无限的潜能，但潜能就像是埋在冰山下的火种，不被点燃就难以发挥出它的能量。做销售就要学会"逼"自己，好业绩都是自己"逼"出来的。所谓的"逼"就是激发自己的潜能，在自己认为这已经是极限时仍然坚持。你要完全相信你具有尚未发挥出来的巨大的能量。

有些销售员抱着"三天打渔两天晒网"的心态去开发客户，一感觉没戏就立马想转移目标，长久下去很难做出出色的业绩。他们对销售事业也没有进取心，最后干脆以"自己不适合做销售"为理由出逃。其实这些借口都是懈怠、懒惰的下意识反应。在你对自己宽容的时候，你就已经将成功拒之门外了。

如果你总是给自己一条退路，给自己一个妥协的理由，只凭借自己的心情和感受来判断行还是不行，你永远无法做出好的业绩，更难以成就新的事业。

事实上，当我把业绩目标定在 70 万元的时候，我也知道凭我当时的经验和客户量其实很难达成，我内心也闪过些许怀疑，但转瞬又被内心涌起的激情和挑战的热情压制了下去。我告诉自己："如果你还没有努力就说不行，你将永远不行！你不逼自己一把，永远不知道自己能够爬上的高度在哪！"当我坚定地写下 70 万元这个目标之后，我内心似乎燃起了熊熊烈火，它们激励着我一刻也不停歇地去努力，去开发客户，去成交客户。

现在想起那段时光，我还是觉得热血沸腾。全身心地为一件事情做出超越自己极限的努力，这是一种"忘我"的境界。进入这个境界会让你活得酣畅淋漓，让你对未来充满自信和力量。

目标看似高不可攀、难以企及，但是只要你倾注激情，你每天想的都是"我要如何超越昨天的自己""我今天要比昨天再多成交一个客户"……当你全部的身心都被"如何做得更好"所占据时，就会把自己的能力激发到你自己都吃惊的程度，然后引爆你的业绩。

著名企业家稻盛和夫在碰到困难时，总是会这样激励自己："认为已经无能为力了！认为已经黔驴技穷了！这不过是前进过程中的一个节点。坚韧不拔，使出浑身解数，绝对能成功。"如果你不逼自己一把，你永远都不了解自己能到达何种程度；如果你不逼自己一把，你永远都不知道原来自己如此优秀。

把看似"不可能"的事变成"可能"的事，如果按照过往一贯的做法是很难取得突破的。这里介绍几种"逼"自己、激发潜能的方法。

（1）设定一个高目标

你是一个"工作狂"吗？你曾经为了什么事情全力以赴，甚至达到忘我的境界吗？如果你没有这种经历或体验，说明你没有"逼"的概念。不少销售员总是把自己的目标定位在"差不多"的标准，然后做着"差不多"的工作，最后拿着"差不多"的工资。如果总是以"差不多"来要求自己，有一天等你回过神来也已经是时过境迁了。

你的目标决定了你所能达到的高度。具体来说，高目标就是以你过往的努力程度达不到但是只要你跳一跳或者多跳几下就能达成的目标。例如你以往月平均业绩水平在10万元，这个月你定下了30万元的业绩目标，这对于你来说是一个很大的挑战，需要你"逼"自己一把才能完成。但如果你把目标定在100万元，显然是不切实际的。

目标既要脱离实际，又要基于实际，一味地脱离实际的目标不过是空中楼阁。仰望太久，会让你感觉疲惫。所以，销售员在制定目标时要在原有基础上进行改进，而不是凭空产生，随意设定。

我当时定下70万元的目标对我来说就是一个挑战目标，它几乎是我两个月的业绩之和。我深知这当中的难度，但是我很想"逼"自己一把，想知道自己到底能够达到怎么样的高度。值得高兴的是，我对自己负责了，也对结果负责了，我如期完成自己的目标。这也为我接下来的行进之路开了一个好头。

（2）打破原有的自己

有一个成语叫"不破不立"，是说打破原有的规则才能创建新的法则。"逼"自己一把，就是要打破原有的自己，重新塑造一个新的"我"。在此之前你的状态可能是，在面对困难时会下意识地选择放弃，今天时间被耽误了导致拜访量较少就心安理得地将今天的任务留到明天，等等。如果你将这样的状态持续下去，永远都在"放自己一马"，你就很难取得长足的发展。因此，你要打破原有的自己，"逼"自己做出改变。

告别懈怠的思想。一时争取不到的客户你要积极想别的方法去争取，不要怕吃苦受累，更不能产生畏难的情绪。业绩是自己"逼"出来的，也就意味着你要时刻监督自己是否出现了懈怠的情绪。

告别自己过去的状态。 例如你原本可以一天拜访 10 个客户，但你却只拜访了 6 个客户。"逼"自己的状态就是自己原本一天能拜访 10 个客户，但是仍定下拜访 12 个客户的目标。当你切实认真地去完成这些事情时，你会惊奇地发现原来自己是可以做到这个程度的。

人的命运和机会无时无刻不在发生着变化，比起找上门的机会，更重要的是你自己积极主动地去寻找机会。客户数量是决定销售业绩的关键指标，这就意味着如果你希望获得更多的机会，就要拜访更多的客户。以一种充满激情的状态不断地提高自己的目标，就是在"逼"自己做出更好的业绩。

（3）日日坚持

"冰冻三尺，非一日之寒"，强调的是时间和坚持的重要性。对销售员来说也是如此。不厌其烦、日日专注地做好一件事情是十分需要耐力的。我遇到过不少第一个星期很有干劲的销售员，但是在一个星期后，他又慢慢退缩成得过且过的状态。他能"逼"自己一天两天，甚至一个星期的时间，但是他不能将这种极限状态很好地保持下去。

"逼"就是从自己定下目标的那一刻直至目标完成的最后一刻都不能松懈。一日一日，一步一步，严格要求自己，永远付出不亚于昨天的努力，并在昨天的基础上进行改进，今天比昨天更进一步。

当你把努力和坚持当成一种习惯，并将这种习惯保持下去，你就会取得巨大的进步。

业绩是自己"逼"出来的，你对自己过分纵容，最后的销售成绩就会对你很残忍。每每回想自己那时的"厮杀"时刻，我都会瞬间充满激情和力量，这股力量直到今天仍然激励着我前行。

所有成功的背后都是咬着牙坚持。你多"逼"自己一把，就会多收获一点。但在收获之前，你要做的就是去耕耘，不断耕耘。

04

敬业：更加职业、专业地去做好自己的事

在我真正进入销售行业之前，也曾像许多人一样，认为销售工作非常简单，只要跑得勤、会说话就可以做好。一路走到今天，我再也不会有这样的想法，任何一份工作，都值得你以职业、专业的态度去做好！

《尚书》里有一句话："功崇惟志，业广惟勤。"意思是，取得伟大的功业是由于有伟大的志向，完成伟大的功业在于辛勤不懈地工作。一个缺乏敬业精神的人，很难在事业上取得长足的发展，因为他总是敷衍了事且拖沓，并常常推卸责任，不思进取。他们往往把销售工作定位在"退而求其次"的选择，受这种负面情绪的影响，他很难全情地投入到工作中，也很难以一个高标准来要求自己，从而对待工作总是随心所欲，毫无进展。

敬业是把工作当成自己的事情去完成，当成自己的事业去发展，全身心地投入到工作中去。除了要做好岗位工作，还要以更职业、专业的态度去完成任务目标，实现更高的追求。

敬业是一个人追求事业的道路上不可缺少的一个能力，不忘初心地在本职工作上努力。依据我个人的经历和经验来看，要想保持敬业，更加职业、专业地做好自己的工作，一定要做好以下几件事情。

（1）肯定自己的工作

无论你是公司的 CEO，还是一名普通的销售员，都要看重自己所从事的工作，并从中获得价值感。肯定你的工作，并肯定这份工作对你的意义或你对这份工作的意义。

其实做销售并不是"卖东西"那么简单，而是在帮助客户解决困难的过程中销售自己的产品。这就是销售工作的价值和意义。如果你只是将自己定位在一个"卖产品"的人，时间久了，你会发现你无法对你的工作形成认同感。

敬业的销售员之所以受欢迎，不仅是因为他们能对企业负责，更重要的是，他们意识到了敬业是一种使命，是一种责任和精神的体现。他们对自己的工作充满认同感和成就感。这样的销售员很难不取得出色的成绩。

（2）乐于付出

敬业的人会把工作当成自己的事业，而不是把工作当成公司安排的任务。他在完成工作的过程中有着很强的自主性，愿意付出时间和精力去思考如何把这份工作做得更好，而不仅是如何应付领导布置的任务。

例如，一般的销售员拜访完客户后不做任何总结和思考，把工作的标准定位成完成每天的拜访量；敬业的销售员则会愿意付出时间和精力做好每次拜访的记录和经验总结，分析客户的行为和自己此次拜访的得与失，以期待自己下次有更好的表现，取得更理想的成绩。

除了愿意付出自己的时间和精力外，敬业的人还乐于付出自己的创意。他会诚挚地表达自己对工作或公司的改进建议，设身处地地为公司的发展着想，并进一步表达自己对本职工作的计划和憧憬，从而以更专业的态度去完成工作。

当你在工作上多尽一份心力，你就会多获得一分回报。说到这里，我想到一个小故事。

大型电视连续剧《水浒传》中鲁智深的扮演者臧金生，为了让自己的形象更符合小说中对鲁智深的描写，采取紧急增肥。他吃涮羊肉要最肥的肉，每天吃十几个鸡蛋，饭前饭后都会吃一把酵母片，睡觉前会喝几罐啤酒……在这种急速增肥策略之下，臧金生很快就增肥九十多斤。他在增肥时，身边的人都在劝说他："你这样会吃坏身体的。"可是臧金生并不后悔，他说："我一是要对得起古人，老祖宗给我们留下了那么好的文化遗产；二是要对得起'上帝'，尊重观众就得拿出行动；三是要对得起艺术家的良心，这是咱自己的事业嘛。"

正是因为臧金生的敬业精神，我们才能在电视剧《水浒传》中看到一个饱满、立体的非常符合小说原著的鲁智深。

不光是在演艺行业需要敬业精神，在销售行业更是如此。你只有带着乐于付出的敬业精神去工作，才能真正心甘情愿地、无怨无悔地在销售行业中保持行进，才能收获你想要的成就和荣誉。这不是一件容易的事情，但是却能体现出你的职业素养和你在这个行业所能达到的高度。

（3）坚持学习

销售行业竞争非常激烈。我在做销售员时，每天听到的都是某某某又突破××万，谁又拿到了销售业绩的第一名……在一个竞争激烈的行业里，如果你自乱阵脚，毫无头绪地跟着忙乱，只会让你心力交瘁。要提高自己的竞争力，不被行业所淘汰，最好的办法就是坚持学习。

一个人只有不断地学习，才能更好地在自己的本职工作上有所提升，更加职业、专业地做好自己的事。这也就是我们所强调的坚持学习，不断地补充给养。具体来说，你可以从以下几个方面去做。

树立"活到老，学到老"的思想。如果你的学习是"无利不起早"，那么你的学习就是虚的、不扎实的，也很难经受住现实的考验，因此你要从骨子里做到"坚持学习"与"不断学习"。

培养阅读、观看新闻的习惯。尽可能多地了解当下正发生哪些重要的事情，包括财经、社会、金融等方面的新闻。这些新闻、资讯不仅是你知识的补养，更是你在和客户沟通时的话题源泉。

养成系统学习的习惯。平常看新闻、阅读自媒体文章等，都属于碎片化学习。碎片化学习虽然能够在短时间内快速提升你的信息量，对于长期的成长却是不利的。真正能够促进个人长期成长的还是系统学习。系统学习包括阅读书籍和参加专业的培训。比如晚上睡觉前花上半个小时至一个小时的时间，深度阅读一些销售学、管理学、心理学、社会学等方面的书籍；或者定期参加线上或线下有关提升销售技能、管理技能的培训等。

不断做总结。读书要做总结，日常的销售经历和经验也要做总结，从中获得新的想法、技巧等，不断提升自己的能力。除此之外，还可以积极地向同事、管理者请教，多与他们分享交流并做出总结，集百家之长，纳千家之能。

（4）热爱自己的工作

稻盛和夫曾说过："想拥有一个充实的人生，就要想方设法让自己热爱现在的工作。一个人能够碰到自己认为热爱的工作的概率恐怕不足'千分之一'，与其迷茫地找那份工作，不如脚踏实地地干好现在的工作，我就是干了一份自己曾经想放弃的工作，最后坚持了下来却创造了大家都熟悉的京瓷公司。"

这是稻盛和夫成功的秘诀，也是每个销售冠军成功的秘诀。成功从来没有捷径，都是以全部的热情投入到工作中换来的。

在我看来，热爱自己的工作具体表现在两个方面：

一是你发自内心地爱你的工作。你把工作当成自己不断追求的事业，而不只是当成一份养家糊口的工作。前者是主动的，后者则是被动的。主动更能带来积极的态度和正能量。

二是能够在辛苦中感受到自己工作的意义。销售工作其实是一份很苦的工作，不仅需要每日奔忙，还要时刻面对客户的拒绝、质疑等，但如果在这种状态里你还是能感受到自己工作的意义，那么即便辛苦你也会感受到幸福。当然这一切都是因为你热爱你的工作。

当一个人对自己的工作产生自发的敬意，更加职业、专业地去做好自己的事，他会取得意想不到的收获。也正是因为始终保持敬业的态度，使得我在每一次的职业转变中都能平稳度过并获得发展。

05

"皮实"：拥抱变化，无论放在哪里都可以

2009 年，因为成长较快、业绩突出，我晋升为销售主管。晋升之后，无论是工作环境还是工作内容，对我来说都是新的开始。我内心既忐忑又期待，不确定自己是否能胜任这个新的身份。但我根本没有太多的时间去犹豫和适应，我必须立刻打起精神，快速进入新的角色。

现代企业在用人上已经开始告别过去"一个萝卜一个坑"的时代，向全能型的人才需求转变。未来企业最需要的人才是把你放到任何一个岗位都适应得很好的人。我们把这样的人称为"皮实"的人。

皮实是北方人的一种说法，意思是你要很耐用，放在哪里都可以；抗击打能力强，能经得起风吹雨打。南方人也有一句很有意思的话能很好地诠释这个皮实，就是"吃得苦，耐得烦，霸得蛮"。你必须像一块砖，哪里需要哪里搬。

说到皮实，我感受最深的就是阿里铁军的轮岗制度。

轮岗制度从阿里铁军建立时就存在，内部也一直严格地践行着。几乎每个想要获得提升的管理人员都必须具备两个特质：一是接班人计划完成得很好；二是有过轮岗经历。对于轮岗制度，曾任阿里巴巴 B2B（business to business，企业对企业）公司 COO（chief operating officer，首席运营官）的李旭晖感悟颇深："现在的大区经理都是从一线销售走过来的。岗位调动让他们重新归零，重新开发新市场，随时整装待发，一声令下就出发。从上海调广州，

从厦门调青岛，从宁波调深圳，频繁调动，每次调动都牵涉到家属和人际关系，每个人都是两三年调了五六个地方。调令下来得很仓促，尽管反应时间有限，这些区域经理听到调动，基本上一天之内就能够搞定。他们接到调令的第一句话就是：'什么时候出发？'"

这就是皮实。敢于拥抱变化，无论把你放在哪里都可以很快地适应，很好地完成自己的工作。越是皮实的人，越是能做出更好的成绩，实现更大的突破。

在我们旅悦集团，有种文化叫"大声说话"和"遇事三不问"。哪三不问呢？第一不问职级，第二不问动机，第三不问方式。可能在很多人看来这"三不问原则"是让人不舒服的，在情感上也难以接受，但这也正是我们强调的皮实，即内心不脆弱、承受力强。

皮实的人在一起做事会直来直去，办事效率高，彼此间的相处也会变得简单。说到这里，我想起了一件让我印象非常深刻的事情。

有一次我让下属邀请一些网红，给门店做宣传。因为这件事情是临时决定的，所以当时下属的想法是先控制着预算去做这件事情。于是他花了不到1000元就拍好了两家店，其中还包括请模特和摄影师支出的费用。我一看图片效果和所配的文字，质量非常差，顿时火冒三丈。于是我微信斥责下属办事不到位，看下属一时没有急着回复，我又打电话过去斥责。如此循环往复地持续了三天。第四天我又把下属叫到了会议室里训斥。因为我们请网红模特过来拍照，本来就是想要做"美女经济"，如果一切都弄得不够美，模特不够美、照片拍得不够美、配的文字也不够美，那么这件事情还不如不做。但下属也并没有把我这句话放在心上，或因此心怀怨恨，他很快按照我的要求调整了宣传计划，并很快重新拍摄了精美的照片。当时，看到他递交上的成果，我立刻为自己之前的冲动感到抱歉，但他却说："强哥，如果连这点都承受不了，还怎么敢说自己皮实？！"

的确，在旅悦集团，人人都会把皮实挂在嘴边、放在心里。不只是普通员工，包括各个级别的管理者，在面对批评和指责时，也都是不问职级、不问动机、不问方式的。如果你把大量的时间和精力花在交流上，花在遣词造句上，想的都是如何说才能不伤害彼此，那你就会少一些时间和精力放在解决问题上。

能面对他人的指责而不过分"玻璃心"，这就是成长。皮实是成长所具备的基本品质。

如果一个人不够皮实，他就很难快速胜任新的角色，很难取得成长，做出新的成绩。销售员如果想让自己的事业跃升到更高的层次，看到更多的可能性，就要让自己变得皮实。

（1）内心强大

拥抱变化，放在哪儿都可以胜任的人一定是内心强大的人。内心强大具体又表现为不迷茫、不对未知的前途产生畏惧之心。不少销售员面临一项新的调任时，往往在还没开始时就给自己预设了各种困难，并被自己虚构出的障碍所吓倒，内心丧失了勇气。这样的状态又如何能够做好工作？你要敢于接受变化，不要认为变化就是负面的、否定的，要以积极的心态去拥抱变化。

除了不迷茫，销售员在面对变化时还要增强自己的抗击打能力。变化意味着未知，即便抱着最大的期待和信心，销售员还是需要将挫折和障碍考虑其中，锻炼自己百折不挠的精神，不能因一时的不适应而全盘否定自己的能力。

最后，内心强大还表现在告别自己的"玻璃心"，不要把自己当成温室里的花朵，难以接受外界的风雨侵袭，而是要时刻接受挑战。销售工作注定充满挑战，如果你遇到困难就玻璃心发作，不能以新的标准来严格要求自己，习惯生活在蜜糖里，而不是泥浆里，你将难以在变化中生存发展。

（2）适应能力

要想成功地拥抱变化，达到放在哪里都行的程度，销售员一定要提高自己的适应能力。

一是从心理上适应环境。不要对新环境产生害怕、焦虑的心理，要给予自己足够的信心，相信自己在新的位置上能适应得很好，积极地暗示自己"困难都是假的，如果我静下心来解决，一切都会有办法的""没有什么能真正阻挡我，除非我自己先缴械投降了""再难的工作也都是人创造的，当然也可以由人去解决"等，让自己从心理上尽快适应新的环境。

二是先做一些自己力所能及的事情。不少销售员突然被调到一个新的岗位，往往想大展宏图，急于做出一番成绩。当然这也无可厚非，可凡事并不宜急于求成。为了更好地适应，最好先做一些自己力所能及或基础的事情，一方面能提高自己的信心，更好地开展以后的工作；另一方面也能在这个过程中深入了解新岗位的情况，以探索更好的机会。

三是不要给自己贴标签。到了新的岗位，既不要给自己设限，也不要给自己贴标签。对于自己暂时没能做到的事情，不要急于给自己贴上"我太笨""我能力不行""这我永远也做不到"的标签，以此限制自己。适应能力一定是在不断地尝试、失败中锻炼出来的。

（3）胜任力

除了要做到身体和心理上的 皮实，销售员还需要具备能力上的皮实。能力上的皮实是指拥有胜任新岗位、新身份和新工作的能力。为此，销售员在平时的工作中要多涉猎其他方面的技能，不断地补充、更新自己的知识体系，以便自己在新的工作环境中能更好地胜任。

我有一个同事，他是特别善于学习的人，他常说的两句话是"机会都是留给有准备的人的""技多不压身"。他认为，只有平时不断地积累，多问、多学、多看、多实践，提升个人能力，等机会真正来临时，才能牢牢把握住。事实证明，他的想法十分正确。正是有了长期不断的积累，他在工作中的表现非常突出，成长也特别快，现在他已经是我在旅悦集团的得力助手。

人要皮实，从某种程度上说，就要活得"糙一些"，要发扬铜豌豆精神，即要做"蒸不烂、煮不熟、捶不扁、炒不爆，响当当一粒铜豌豆"，能忍受并适应任何情况及变化。

正是因为有了这种皮实精神，我才能从一名普通的销售员快速成长为销售冠军和销售管理者。在职业生涯的每一步我都积极拥抱变化，走到哪里都能积极地适应挑战，不断地在挑战中获得机遇、实现自我。

跳出自己的"舒适圈"

2010 年，我的业绩始终保持团队最佳。此时我面临两个选择，是停留在原地享受安逸，还是继续往上冲、挑战自己？我选择了后者。

人似乎都有一种惯性，习惯于待在自己的"舒适圈"。在这个无形的圈子里，有着自己熟悉的工作和生活环境，自己惯常舒服的生活方式，做自己会做的事情或自己能做的事情，没有丝毫的压力。这种状态下你开不开心？当然开心。但是"人无远虑，必有近忧"，如果长期保持这种舒适的状态，你将会面临更多的问题。在某种程度上，人一旦选择舒适，就放弃了拼搏和进取，它会慢慢地让你的思维和行动形成一种惯性，慢慢吞噬掉你前进的空间。时间久了，就会使人意志消沉、丧失原本该拥有的成长野心和动力。

当完成业绩目标对我来说已经没有太大压力的时候，我清醒地认识到：我不能被舒适圈吞掉。虽然选择突破舒适圈，向未知方向行进的道路会很苦很累，我也要坚定地向前！

心理学中有个著名的"心流理论"，是芝加哥心理学家米哈伊·契克森米哈提出的。所谓"心流"是指，人们专注于某种行为时表现的心理状态，如专注于玩游戏的人会听不到周围人的声音，并且不愿意被打扰，更不愿意中断当下的行为。心流产生时会让人产生强烈的兴奋感和充实感。

心流理论表明最能让人们进入心流状态、获得幸福感的事情，是那些"处在自身的能力和挑战的平衡点"的事情。如果能力强而任务简单，人们就会觉得无聊；反之，如果能力不足而任务复杂，人们就会陷入焦虑。只有在任务的难度正好处于"需要费点力气才能完成"的时候，人们的创造力最强，热情最高，完成这件事情的成就感和幸福感也最强。

所以，我要告别舒适，多去尝试"需要花费力气才能完成"的任务，每天保持高能状态，让自己处于一个积极奋进的状态，也给自己一个有前景的未来。

（1）戒掉无意义的娱乐

不少销售员会把大把的时间浪费在无意义的娱乐上面，例如打游戏、追剧、睡懒觉等。这些行为所带来的舒适感会一时麻痹人的神经，让人逐渐沉溺在这种状态中难以自拔，至于提升自我、奋进向上这些事都被无限延后，直至完全放弃。

这些娱乐其实也可以成为我们某个正常的爱好或行为，适当开展有助于我们放松身心、缓解压力。

我曾经的一个同事，每次遭遇业绩压力的时候都喜欢通宵看足球比赛。他跟我说："你绝对体会不到那种在夜深人静的时候，跟着每一次进球兴奋、呐喊的感觉有多爽！"刚开始我们都觉得，这样的放松也挺好的。可是，事情很快走向了反面。因为对那种"爽"的迷恋，他渐渐开始觉得工作上的任何一点挫折、烦恼都是压力，都需要他通宵看球赛来缓解。因为经常通宵，他的精神状态大不如前，业绩也开始大幅度下滑，压力也随之变大，对通宵看球赛的"需求"也就越来越多……他似乎掉入了一个怪圈，变得越来越痛苦。

这是我亲身经历的一个事情。在移动互联网时代，尤其是随着 5G 时代的来临，人们只需要一部手机就能随时随地进行各种娱乐活动：刷新闻、玩小游戏、看视频……这些看似只有几分钟甚至几秒的娱乐活动，却因为我们不知不觉地沉迷而不断地消耗我们的时间和精力，消磨掉我们的意志。

因此，要奋起拼搏，销售员首先要学会控制自己，摆脱过去的习惯，戒掉无意义的玩乐，把时间都花在提升自己和挑战自我上，不断地走出舒适圈，完成更高的目标。

（2）保持适当的焦虑感

人一旦缺乏焦虑感，就会出现停滞状态。不少销售员总是觉得当前情况"还可以"，多成交一个客户或少成交一个客户也没有多大的影响，于是对现状过于满足。但这样的状态显然不是 Top Sales 应该有的状态。

这里，我想分享一个案例。

网易的创始人丁磊曾在大学毕业后，回到家乡，找到了一份人人称羡的"铁饭碗"，在电信局工作，待遇很好。丁磊和大多数人一样，过上了按部就班的生活。日子虽然平淡，但舒适安稳。丁磊就这样舒适地待了两年。

可丁磊觉得这样的日子一眼就可以望到头，而自己还这么年轻，于是毅然决然地辞去了这个"铁饭碗"，一心想要出去打拼、闯一闯。后来，他成功创办了网易。中间虽历经千辛万苦，但结果喜人。

他说："这是我第一次开除自己。人的一生总会面临很多机遇，但机遇都是有代价的。有没有勇气迈出第一步，往往是人生的分水岭。"

丁磊有如今的成就在于他总是不断挣脱自己的舒适圈，放弃安稳，迎接挑战，不断向上拼搏，牢牢地把选择的权力和机会掌握在自己的手里。

不少大学生毕业后选择从事销售工作，但由于他们年纪轻轻且缺少经验，所以很难做出出色的业绩。现实的各种因素渐渐打磨掉他们的棱角，拿着不高不低的工资，每日如常，生活事业了无滋味。如果你也陷入了这样的状态，不妨问问自己："如果实行淘汰赛制，我有多少胜算？""如果以这样的状态行进下去，3年后的我是什么样的？那是我希望看到的样子吗？""我未来会如何？""我以后会过一种什么样的生活？""5年后，我还只能是一个普通的销售员吗？"……

多思考一些以后的问题可以产生一定的焦虑感，督促自己放弃舒适，选择为了长久的发展而付出、拼搏。

（3）保持积极、激情、主动

放弃舒适、选择拼搏，需要我们保持心中的激情，保持对梦想的期待和追求，否则即便跳出舒适圈也会让你无所适从，甚至更觉疲惫、失去信心。因此要想做出有效的拼搏，就需要做好规划，并保持积极、激情和主动的状态。

保持积极：拼搏的过程定然不是一帆风顺的，要有承受失败的能力，无论遇到什么样的困难和挫折都要积极面对。销售员在工作中，无论遇到怎样的情形，都不要忘记保持积极的状态。保持积极的态度会帮助你克服掉很多困难。

保持激情：激情会让你把挫折看成是一种挑战去克服，会让你身处黑暗仍然心存光明，身处绝望仍然寻找希望。让自己的体力和精神都保持充沛的状态，每天都斗志满满。

保持主动：相信自己所做的一切都是为了自己更好的生活而努力，而不是被动地受到外界的督促。

（4）多做一些自己"不喜欢"的事情

一般情况下，我们喜欢的事情都是易得且能够带来短暂愉悦感的，而不喜欢的事情是难、耗费精力且很难带来愉悦感的。事实上，只有多做自己不喜欢的事情，才是真正的拼搏，我们才能获得长久的愉悦和成长。

著名英国作家毛姆说："为了使灵魂宁静，一个人每天都要做两件他不喜欢的事。"我对此也感触颇深。为了能让自己每天都能安心，我会刻意做一两件自己不愿意做的事情，以追求内心的平静，不为未知的未来而过分焦虑。在我看来，一个人如果总是去做自己喜欢的事情，那么他很难获得新发现。在舒适区待得久了，就更不愿意尝试新的困难的事情。但人生就要不断探索自己，对新鲜事物保持一种好奇心和进取心，为实现更高的自我而努力奋斗，等你真正实施这一点时，你会发现这已然是另一种你以前不能获得的快乐和满足。

现在的我很感谢自己在应该拼搏的年纪选择的是拼搏而不是舒适。不断挑战自己的舒适圈，并为自己定下的目标而努力奋斗，你会解决掉很多以后需要面对的烦恼，获得更有意义的人生。

07

正能量会给你带来好的结果

回首我做一线销售的日子，使我感悟最深的就是"正能量"。

正能量是一种强有力的能量，能给你带来好运，引导你走向好的结果。但在现实销售工作中，很多销售员常常怨气满满、喜欢抱怨并散发负能量。他们一方面抱怨自己的管理者和同事，另一方面又抱怨自己的生活。可想而知他们的生活状态和工作状态有多么糟糕。没有人可以在这样的状态下获得好的业绩，更不可能获得幸福感。

什么样的人更喜欢吐槽、喜欢散发负能量呢？答案是过得不好的人，无法专注于做好一件自己喜欢的事情的人。这样的人，无论做什么事，无论身居何位，都属于失败者！

成功的人都忙着做自己喜欢的事，而失败者却忙着在抱怨中浪费生命。

当失败者在自己并不喜欢的人和事上面浪费时间、在无意义的吐槽中耗费自己的生命时，那些真正有能力的人都在专注于做自己喜欢的事情，根本没有心思去应付前者的抱怨和吐槽。

销售是不断挑战自我、不断遭遇困难的一类工作。在这个过程中，如果你想要持久行进，保持正能量是必不可少的一环。根据过往经验，我总结了5个帮助销售员训练心态、停止抱怨的方法。

（1）每日反思

"吾日三省吾身"，销售员要做到每日反思，不断反省自己的言行和工作上面临的情况，得出新的认识。这对我们个人的成长非常有用。

我为什么要抱怨？

我每天花了多长时间去抱怨？

我从抱怨中得到了什么？

我自己有什么地方需要改进？

我自身还有哪些地方做得不够？

有没有什么更好的方法可以解决问题？

我有没有赞美或表扬过别人？

我有没有检讨自己？

我有没有为自己得到的而感恩？

......

一味抱怨的人首先会在思想上摇摆不定，进而在工作上敷衍了事，使自己的状态越来越差，结果也越来越差。因此，我们每日要通过积极地、不断地反思来改变自己，用积极的心态对待工作中的"磨难"。

反思要从积极、正面和明朗的角度进行，而不是越反思越钻牛角尖。不少销售员越是反思，越是觉得命运对自己不公，从而自怨自艾，丧失奋斗的动力，周身散发着各种负能量。例如销售员一天工作下来，回顾反思这一天的表现，把没能成交订单的原因全部归结为客户挑剔、难缠。这样的反思就是负面、消极和抵抗的。这样的反思不仅没有价值，反而会消耗你的能量。正面、明朗的反思应该是从自身出发，对自己的言行、心态、策略和技巧进行反思，发现需要继续保持的优点，以及需要改进的缺点。这样的反思才是有意义的，才能促使人奋发向上。

（2）把抱怨郁闷的时间用来提高自身能力

有这样一个有意思的小故事。

雨后，一只蜘蛛艰难地向墙上支离破碎的网爬去，由于墙壁潮湿，它爬到一定的高度就会掉下来。于是，它一次次地向上爬，又一次次地掉下来……

第一个人看到了，深深叹了一口气说道："我的一生不正如这只蜘蛛吗？忙忙碌碌无所得。"于是他日渐消沉。

第二个人看到了，他却被蜘蛛屡败屡战的精神感动了。于是他打起精神，变得坚强起来，最终取得了成功。

面对同样的一件事情，第一个人和第二个人的区别在于前者悲观、消极和充满负能量，而后者则乐观、积极和充满正能量。也正是因为两人看待问题的心态不同，最终导向的结果也不同，前者郁郁寡欢而失败，后者则走向成功。

抱怨永远都是抱怨，你绝对不会因为这些抱怨而变成一个更好的自己。与其把时间花在无意义的抱怨上，还不如充分地把这些时间利用起来提高自身的能力。世界这么大，其实你也或多或少地明白了这个世界的生存法则，但是请你相信越拼搏越幸运。去拼你所爱的，去爱你所拼的。

要知道"有能力走遍天下，无能力寸步难行"，你为什么不将抱怨的时间拿来提升自己的能力，让自己获得成长？可以多看看有关销售方面的书籍、多去拜访客户、多参加提高技能的培训班、多和同事交流经验、多去学习别人的优势等。我就是这样走过来的。把抱怨的时间用在提升自己的能力上，最终我发现一切都在朝着好的方向发展。慢慢地，我累积的客户越来越多，成交量也越来越大，销售业绩也越来越好。

（3）抱怨前先问问自己是否够努力

在抱怨之前，不妨先问问自己：我是否足够努力了？须知，尽心尽力才能尽善尽美。很多时候，不是别人对你不公平，而是你不够努力。如果你想得到自己理想中的公平，最好的方法就是：用努力改变现状，用事实证明自己，用能力创造公平。

马云有一段话说得很好："心态决定姿态，从而决定生活状态。世界本来就是不公平的，也没有人是完美的，你的职责是比别人多勤奋一点，多努力一点，多有一点理想。要懂得左手温暖右手，相信明天会更好，我就是这么走过来的。"

很多人常常将别人的成功归结为运气，或者认为别人的成功都是走捷径而来。事实上，你只是习惯将别人的成功归因于运气，以逃脱自己本该付出的努力。我见过很多这样的人，他们往往因为思想偏激负面、满身负能量，最终暗暗消沉，直至完全放弃。所以，每当你想要抱怨的时候，你就要先问问自己是不是做到位了。如果你没有付出同等的努力，你毫无收获也是再自然不过的一件事情，那你更没资格抱怨。

（4）把困难当成对自己的挑战

很多人在面对困境时，常常抱怨命运不公。在最初没有分到"电话栗子"的那段时间，我也曾经陷入这样的负面情绪中难以自拔。但事实上，当我们跳出这种负面情绪时，你将会转变心态，甚至会很感谢命运给予的挫折的安排，让你意识到不能就这样无知、无能地将日子进行下去。

因此，在面对不利的环境或是难题时，我们为什么不能积极一点，为什么不能把困顿当作一种磨砺呢？如果我们能"永远相信远方，永远相信梦想，走在风中雨中都将心中的烛火点亮"，抱着希望去完成自己的工作，那么我们也会获得巨大的来自内心深处的力量。

（5）少说多干

停止抱怨、改变现状的唯一方法就是让自己行动起来。

不少人在平时的工作中常常推责于别人，却很少从自己身上找原因。其实，当你自己改变了，一切才会有所改观。任何指责和抱怨都是无能的表现，只会让你变得更加歇斯底里和难以自拔。相反，只有在工作中充分挖掘自身的潜能，发挥自己的才干，才能在自我成长中实现人生的价值。与其把大把的时间花在抱怨上，不如将这时间用来做出实际的行动，不断提升自己。

正能量是一种很神奇的力量，它能让你以一颗乐观、积极和平和的心态去面对工作或生活上出现的障碍或困难，更好地解决问题。在从事销售的路上，无论经历何种身份或境遇，我都以一个强大的内心和满腔的正能量去应对。所以在某种程度上说，我能走到如今这个位置，做成这些事，正能量发挥了重要的作用。

第3章

跃进：

从管好自己到带好团队

我所享有的任何成就，完全归因于对客户与工作的高度责任感，不惜付出自我而成就完美的热情，以及绝不容忍马虎的想法，草率粗心的工作，与差强人意的作品。

——李奥·贝纳

销售是个体力活，也是个脑力活

晋升为销售主管，是每个 Top Sales 追求的下一个职业目标，也是 Top Sales 面临的新挑战。我也不例外。刚坐上"销售主管"位置的时候，我并不知道如何带团队，我只能每天带着下属们去拜访、签单，帮助他们完成业绩任务，希望他们在这些实际的销售场景中获得成长。事实却并不像我想的那么乐观。

2009 年年初，我晋升为销售主管。那时我也刚刚拿到全国销售冠军不久，因此各方面状态都非常好，当月签了二三十个客户，客户拜访量也很高。我那时带的团队里大部分都是新人，毫无经验可言，但我也依然用高标准来要求他们，每天晚上我都会带着大家梳理第二天需要拜访客户的资料，然后第二天我再陪着他们一家一家地登门拜访。

很多时候，梳理完资料都已经快 11 点了，我还要做自己的工作，一天下来很少有时间休息。第二天，我又要很早就出发，一家一家地拜访客户，时间安排得非常紧，基本都只能在车上休息。有时候，我也要自己开车，可以说整个身体是非常疲惫。

所以，在我看来，销售管理是一份没有好体力就很难坚持的工作。当然，光有体力没有脑力也是远远不够的。充沛的体力能够保证销售主管持续充满激情地工作，带领好自己的团队。脑力则是思考如何能快速地达成团队的目标，所以作为销售管理者，头脑清晰就显得尤为重要。有时候你花费很多力气和时间都完不成的事情可能就是因为缺乏思考。同时，带团队更是一份脑力活，把焦点放在下属身上，一心把下属培养好才是核心。

当你成为一名管理者时，你要思考的不仅是自己如何能做出业绩，还要花更多的时间和精力来思考能给员工带去什么，如何才能更好地帮助他们获得进步，如何不让他们白费心力，如何让他们感受到付出是一种快乐，付出能得到回报……这些都需要你花费脑力去思考。只有全心全意地为你的员工考虑，他们才能心甘情愿地跟着你，跟你一起马不停蹄地奔波，跟你一起"打天下"。

（1）手脚勤快

不少管理者在得到晋升之后，喜欢脱离"人民群众"，常常是神龙见首不见尾，下属很难见到他。事实上，对于刚刚晋升到管理岗位的销售主管来说，手脚勤快是非常重要的。要多到下属中间去走动，多带着下属拜访客户，像师傅带徒弟那样把你过去积攒下来的销售经验、技巧都传给你的下属。同时，这也是你进行自我复盘的好机会。

这个阶段，你最大的竞争力就是你的经验，但经验是极易丢失的。只有做好复盘和总结，经验才能真正属于你。所以，你不要认为自己当上了"领导"就可以翘起二郎腿坐在办公室里指挥，你真正应该做的是行动起来，在带领、指导下属的过程中实现自我提升。

在这个过程中，你可能要付出比过去做销售员时更多的体力。过去你只要完成自己当天的任务就可以了，而现在你要帮助团队中的每个人完成任务，只要有一个人还没有完成任务，你就要继续行动，继续带领他、指导他。

可以说，晋升为销售主管的第一步是保持良好的体力！体力不行，你很难跟上整个团队的节奏和方向。为了保持充足的体力，销售主管需要拥有良好的作息时间，并坚持锻炼身体，通过跑步、健身等方式保持身体强健有力。

　　一个人如果每天都能把体力发挥到极限，就会激发出能量，激活大脑的潜力。我一直告诉我的员工，做销售不是一个运气活儿，更不会坐在办公室里天上就陡然掉下一个大单子。单子都是一个一个跑出来的，一滴一滴汗珠砸下来的。

　　如果你能每天比别人多打一个电话、多拜访一位客户、多做一些总结，你就能累积量变为质变。几年下来，你会发现那些你跑的里程数、你滴下的汗水都变成了别人望尘莫及的成绩。你会发现每天打 100 个电话的人，比每天打30 个电话的人，出单率高 30%，每天多见一个客户比少见一个客户的人，年终业绩高一倍。

　　很多带过销售团队的人都会这样要求下属："一天最少 100 个电话、10封有效邮件，一周 3 个重点客户、3 个普通客户；一张表打天下，重点客户、A 类客户、B 类客户、C 类客户、行业信息表，这五栏由后向前递进！"但我的要求比这高出一倍，你只有比别人更努力，才更有可能超越别人。

　　你只要动起来，就是在为自己积攒机会。当然每一个体力充沛的销售员或销售主管都不是天生的，需要不断地锻炼，去提升体能，有了源源不断的体力，才能有好的状态。这也正是我们在说的销售是一个体力活。

　　不过后来我也发现，在某种程度上，每天的体力劳作就是一条磨炼灵魂、砥砺前进以及提升心智的道路。不惜体力、拼命工作，每天行为上的体力活就能带动精神上的运动。手脚勤快，你就能了解更多的资讯，也能拥有更多的机会。如果你的手脚不勤快，思想就很难勤快。

　　尤其是从事销售工作的人，更要深刻地理解业绩在于努力，一定要付出不亚于任何人的努力，从每天的酸痛和汗水中感受到为事业拼搏的快乐。

（2）脑袋勤快

脑袋勤快是指要勤思考、勤分析、勤总结。当你从 Top Sales 晋升为销售管理者时，就更需要勤思考。这种思考，更多地体现在对团队管理的思考上。

在管理学中，有一个理论叫"蚁群效应"。我们都知道蚂蚁有严格的组织分工和由此形成的组织框架，而且它们的组织框架在具体的工作情景中有相当大的弹性。它们在工作场合的自我组织能力也特别强，不需要监督就可以形成一个很好的团队，有条不紊地完成工作任务。不仅如此，蚂蚁做事还很讲究流程，但它们对流程的认识是直接指向工作效率的。蚁群效应的核心就在于，通过组织结构和岗位的设置发挥团队成员的组织能力。

因此，对于销售管理者来说，思考如何能让团队有效运转起来才是最重要的工作。具体来说，管理者要知人善任，了解下属的个性，有针对性地根据下属的特质做出适当的分工和安排。举个简单的例子，在我所在的旅悦集团，有的销售员擅长和连锁酒店的负责人打交道，那就安排他去开发连锁酒店；有的销售员擅长开发网红酒店，那就安排他去开发网红酒店。这样，既能发挥其所长，又能提升工作效率。如果让他们去完成自己不擅长且不感兴趣的目标，可能就会导致事倍功半。

《论语》中有这样一句话，"己欲立而立人，己欲达而达人"。意思是说，自己要站稳，也要让别人站稳，自己要腾达，也要让别人腾达。销售管理者就要有这样的格局和远见。带好自己的团队，帮助下属成功、获得业绩，你将获得非比寻常的快乐。每当我看着我的团队成员获得高业绩或是刷新业绩，我都会发自内心地激动，为他们感到自豪，也为自己感到自豪。

我还记得我带领的团队获得销售团队冠军时，我和我的队友们都非常激动，那是一种难以言喻的、只有在一起努力奋斗过才能感受到的激动。虽然中间我们也经历了种种波折，但付出的那些辛苦都很值得。也正是因为有了"出生入死"的经历，我发现我们之间的联系更加紧密了，大家变得无话不谈，也更愿意为下一个目标全力以赴。

销售看上去是一份人人都能做的职业，但是能做得好的人却寥寥无几。做管理者同样也是如此，做得好的也屈指可数。所以，要成为一名优秀的销售管理者就变得更加艰难。自你成为销售管理者的那一刻起，就要告诫自己：要做好销售管理工作，不仅要拼体力，还要拼脑力！

勤陪访：帮助下属冲业绩

"阿里铁军"有一个制度让我至今获益匪浅，就是"陪访"制度。每一个销售主管最核心的任务就是陪访，和销售员一起去拜访、成交客户，帮助下属冲业绩。

陪访，即陪同销售员做销售拜访，说到底是一项育人的工作，是辅导一线销售员成长的主要管理抓手，而不是一项任务或KPI（Key Performance Indicator，关键绩效指标）。一些销售主管在陪访时，往往是"形而上"，即走形式而非走心，让自己的下属产生一种负面的想法——我的上级纯粹是为了陪访而陪访，对我并没有实际的帮助。

事实上，一些销售主管"混"陪访，包含害怕陪访过程中暴露自身业务不精、不愿意在客户面前出丑等狭隘自私心理。我通常称这类销售主管为"为官不仁"，严重脱离业务一线，裤脚不带泥巴。时间久了，这样的销售团队会营造一种"上下混"的氛围，不醉心业务却溜须拍马走过场，最终害人害己。

勤陪访并不是简单地动嘴说说，而是真正要迈出腿、行动起来。同时，在陪访的过程中要建立以下几种认知。

（1）认知一：陪访，陪是关键

陪访，首先需要你在现场。在销售这个主战场，作为销售主管陪访不是只陪同进门而不拜访，也不是让销售员一个人单刀赴会，你却在某个角落玩手机，而是真正陪同下属一起去拜访客户、拓展业务。

对于销售新人来说，拜访客户的难度很大，尤其是约见客户的难度系数很高。所以我在做销售主管时，为了帮助下属快速成长，在陪访环节下了很多的功夫。我记得当时我和一个下属去拜访一个工厂，第一个需要搞定的就是门卫。好不容易把门卫搞定之后，进入公司发现还有前台。我们当时想了很多办法，最后用了一个很传统却也比较好用的方法——下属借口要去洗手间，我趁机直接"杀"进老板的办公室，最后我帮助那个下属签下了第一个客户。当然这只是一个特例，很多情况下主管不能代劳，这里只是为了说明主管要与销售员共同应对困难，而不是置身事外。

此外，拜访客户还要擅长利用资源。我在"阿里铁军"负责的外贸项目是分行业的，因此我会从阿里巴巴的产品销量比较好的行业里找出好的案例作为素材，接着我会去找这些合作关系良好的老客户聊天，把这些成功客户的案例与下属们分享，帮助他们快速掌握其中的策略和技巧，帮助他们提升业绩。

需要强调的是，你陪访的目的一方面是让下属心里有底，另一方面也是便于及时了解下属的情况，进而在必要时能给予下属帮助。但注意不要让陪访变成一种变相监督，让员工徒增压力。这就需要销售主管掌握好度，平时要注意与员工的相处，彼此之间关系融洽、信任感强的话就会在很大程度上减少员工的压力。

（2）认知二：弄清自己的角色是配角，而非主角

在陪访过程中，销售主管还是应该把主要的工作让下属去做，让下属挑起大梁，绝对不能自己全权代劳。大部分情况下，销售主管要做好观察员的工作，全程观察销售进程的每个环节，及时记录关键点，包含亮点或改进点，以备展开陪访后的有效访谈。

通过复盘大量的陪访，我发现在大部分销售流程的推进中，销售主管作为观察员，在访谈前要重点观察、打磨的是开场白环节、锁定关键客户环节、探寻环节、异议处理环节、逼单环节以及销售员心态的变化起伏。只有对这些亮点、问题以及背后进一步的原因的持续对标，才可以抽丝剥茧地找到症结，帮助销售员找到业务阻滞的障碍点，并展开针对性的辅导。

（3）认知三：不要轻易参与谈判进程，要控制自己

在实际陪访场景中，即便你发现下属异常紧张，或者销售过程不顺畅，遇到明显的推进机会却没有把握住，也不要立即上手处理，甚至表现出一副"你不行，看我的"的架势。

销售主管在陪访时，要控制自己，不要轻易参与到谈判进程中。如果情况紧急，销售主管可适度参与进来。例如，当下属或客户向销售主管确认某些问题时，销售主管要做出回应。大部分情况下，要给下属犯错的机会，让下属自己去解决问题，一定要控制自己想要表现的情绪。

记住，陪访的主角是下属，目的是为了让下属能够获得成长，所以一旦看见下属陷入某种困难之中，销售主管要压抑住自己想要帮助的心，除非万不得已才出手相助。

（4）认知四：陪访分"跟人"和"跟单"，提前做好功课

陪访分"跟人"和"跟单"。

在"跟人"方面，我会把我的下属按照能力进行划分，对于不善谈判的下属，我会践行"我说你听，我做你看"，手把手地指导他们。同时，我还会录音让他们回去再对照练习一次。

在"跟单"方面，对于一些大客户，我会邀请下属一起去谈，让他们了解一下与大客户谈判的技巧，激发他们的谈判思维。对于普通客户，我还是依照能力强弱来分配对应他们能力的目标客户。

无论是"跟人"还是"跟单"，销售主管在陪访前都需要做好准备。例如，今天拜访的目的是协助下属拿单，此时销售主管要提前做好功课，复盘销售和商户以及整个跟进进程、异议点等，以便形成谈判预案。

（5）认知五：陪访结束后，及时和下属复盘

不要认为陪访结束，完成订单就万事大吉了。陪访结束之后的复盘才是陪访真正的价值所在。所以，陪访结束之后要及时和下属一起复盘当天的情况，做好分析和总结。

复盘的流程是下属先讲，你后讲，然后对标达成共识。

首先，让下属先讲他对当天销售情况的认识和思考。在这个过程中，你重点听下属讲的条理是否清晰，是否有重点。要求下属能分析出自己的亮点，并对缺点进行较清晰的阐述。当然，这往往是一种理想化的状态。大多数情况下，下属需要销售主管的辅助以推演整个流程。这就需要销售主管在倾听的过程中，不时地进行反馈，引导下属进行分析和总结。

其次，轮到销售主管发言时，要遵循"三长两短"的原则，即 3 个闪光点，两个改进点。对于"闪光点"要积极赞扬和肯定，最好具体到言行。例如，"你今天在见客户之前，不但准备了充足的资料，还针对客户的情况准备了一套话术，所以你在面对客户的时候表现得非常自信、自如。这一点非常好，值得表扬！"越是具体的赞美，对强化下属优秀言行的效果越好。在说"改进点"的时候，哪怕当天要改进的地方很多，也一定要遵循"三长两短"的原则，要比"闪光点"少一点。当然，在分析"改进点"的时候也要具体，而且要对事不对人，做到这样才能真正引发下属的自我反思和改进。

改进点不是纠错点，改进的目的是为了让下属更好地辨识自己的不足，内心认同并接受你的建议。所以，你在表达"改进点"的时候要先提出问题，然后给出改进意见，千万不能让"提改进意见"变成了批斗。

最后，在双方谈完之后，销售主管要和下属一起对当天的"闪光点"和"改进点"进行对标，达成共识。只有达成共识的意见才能化为行动，否则永远都只是口头上的意见。

（6）认知六：不定期再次陪访，以观察重点环节改进如何，并持续矫正

行为矫正需要一个持续的过程，收效的时间会比较长，可能过了很长时间才能显露出一点点效果。因此，大部分销售主管不愿意做这些简单却有效的关键矫正环节。但是经过观察，我发现优秀的销售团队有一个共同的特点，即愿意在育人陪访上花心思、下功夫。成长是一点一滴日积月累的过程，每一个小改变或小进步都是量的积累，都是为迎接质的腾飞打基础。因此，销售主管一定要重视陪访之后的持续矫正环节，否则，前面的陪访、复盘等工作可能都白做了。

以上 6 点认知是我在复盘多年陪访经验之后的心得体会，只有不断地持续

精进，才能发挥更好的效果。为什么要这么重视和认真对待陪访？关键在于销售管理者作为培育"人"这款产品的设计总监，需要通过陪访这个日常抓手，持续对标设计远景图，判断"产品"发展现状是否合乎预期，以期不断发现问题，解决问题，推动人的成长，最终通过个体战斗力、获得能力的提升，来推动团队整体的作战力和取得成果的能力。

回顾这些年，在个人管理中，因为全月无陪访且不报备，我也亲自劝退过一些业绩不错的销售主管；因为心存侥幸、虚构陪访的假陪访，我也"干掉"过很多人。他们心存侥幸却付出了惨痛的代价，甚至直接影响他的下一份工作。现在绝大多数公司招募管理岗位的人才，尤其是中层及以上的管理人员，都会做背景调查。这个圈子不大，可能随便打听几个人，就很容易对你的履历形成360°的评价。试问：有几个新东家敢录用曾经存在"假陪访"行为的管理者？

因此，我建议管理者们不仅要勤陪访，还要掌握正确的方法，这样才能发挥陪访该有的效力。

勤检查：苛求过程，释怀结果

IBM 董事长郭士纳说过："你的下属绝对不会做你希望他做的事，他们只会做你要求和监督检查的事。"在销售管理岗位上干得越久，我越能深刻体会到这句话的意义。

我也曾像很多刚刚晋升为销售主管的人一样，不敢检查，不会检查，认为检查会得罪人。但是，作为管理者，我再勤奋，能够辐射的工作范围也是有限的。即便是陪访，我一天也只能陪访一两个人，不可能把每个人都放在眼皮子底下。渐渐地，我对过程的忽视就导致问题频出，整个团队的工作氛围也开始出现懈怠，客户关系也一度陷入紧张……

面对这些问题，我开始意识到检查的重要性。作为管理者，只有抓住过程，才能拿到结果。勤检查的好处在于，越检查越有利于培养管理者与下属之间的信任，同时也有助于帮助下属养成好习惯。同时，我觉得过程管理能很好地对业务逻辑进行分解梳理，然后通过管理系统把各个关键的过程指标抓起来，通过对过程的管控实现结果的可控。因为只有过程是可以追求的，结果是无法追求的。

在寻求检查方法的过程中，我经常会问自己以下几个问题：

你每天早上打开客户管理系统最先看的数据是什么？

如果不写日报、周报，上级不要求汇报的话，你会看拜访量吗？

晚上见到员工的第一句话通常问什么？

制定自己和员工的每周必做之事是什么？

关注过程还是关注结果？

如果你关注过程，你是如何关注的？

……

这些问题逐渐帮助我厘清销售管理中如何做好检查工作。

（1）锁定关键节点

销售管理者在检查下属行为时，要锁定关键节点，例如下属的工作进行到1/3时。检查时要遵循一定的节奏，询问下属的思路和进展。当下属在汇报他的工作情况时，他也会向管理者表达他在执行的过程中所遇到的障碍和困难，此时管理者需要给下属提出具体的建议和辅导，帮助下属答疑解惑。这也是检查工作的重要一环。

推进下属当前工作进展，要及时沟通下属所遇到的困难，遇到问题随时解决。例如，销售员正在与一位大客户进行商谈，管理者需要锁定销售员大致需要多长时间、是如何规划的、当前计划进行到哪一步了以及还需要多长时间等。

这里需要注意的是，管理者在检查下属工作时，要坚持"早启动，晚分享"。即在早上的"启动会"上检查当天计划，晚上下班前的"分享会"上解决当天的问题。不少管理者虽然将检查纳入考虑范围之内，但是却不急于检查。例如定好上午9点检查员工的当天工作计划，但转瞬又被别的事情占据而拖延检查时间。这种行为无论对问题的解决还是对下属的成长来说，都是不利的。

（2）问思路和进展

管理者在检查下属工作时，要重点询问下属的工作思路和进展，检查下属在当前的工作中是否出现差错或纰漏。

检查的核心在于过程，而不是结果。每天检查时间的都是"你今天拜访了几个客户？""你今天签了几个单子？"类似这种关注结果的问题并不能真正起到"检查"的作用。管理者也不可能从这些结果中发现问题。因此，检查的重点是询问工作思路和进展。例如，"你今天的拜访路线是什么？""你今天最有信心成交的客户是哪个？""成交方案是什么？""今天计划成交的客户是否成功签单？为什么？"等。

只有当你关注下属具体的工作思路和进展的时候，才能真正地发现下属的优势和弱势，进而提供针对性的辅导，才能真正把控销售的过程，拿到想要的结果。

（3）提建议，做辅导

当了解下属的工作思路和进展之后，管理者可以就具体的疑问提出具体的建议和思路，辅导下属做出改善。例如，销售员在当天的"分享会"中提出：有一位客户总是犹豫不定，因此耽误了很多时间却还没有成交。此时管理者就可以提出具体建议，例如"你有没有发觉客户在你提出哪个条件后才变得犹豫不定，还是一开始就是如此？""客户是否说出了内心的担忧？""你从客户的表情和动作观察到了什么有用的信息？"等，给下属提出具体的建议，辅导下属。

（4）建立主动汇报机制

尽管管理者想要在下属遇到困难时能够及时提供思路和帮助，但是一个人的精力是有限的，不可能时时跟进。同时，由管理者主动发起的跟进会给一部分下属造成心理压力。在这种情况下，下属主动向管理者汇报工作就显得十分重要。但此时又会出现新的问题，下属不会主动向管理者汇报情况，甚至有时会隐藏真实情况或已经暴露出来的问题。因此建立主动汇报机制很有必要。

主动汇报机制，是指告别过去管理者分配任务给下属，下属按照要求完成任务，然后管理者主动询问进度的单向传递模式；转向管理者将任务分配给下属，下属同时向管理者反馈自己进展情况的双向传递模式。

为了让下属更主动地汇报，管理者要鼓励下属积极反映问题，让下属意识到及早反映问题会得到及早的帮助，而不是责难。具体来说，管理者可通过周报、月报、项目周报和月度述职等方式建立主动汇报机制。例如，管理者以身作则，将部门的工作月报定期发到群里或直系领导的邮箱等。同时，要求下属定期填写周报表、月报表等，详细地记录、分析自己当周、当月需要反馈的重点、要点和难点等。当这种主动汇报的工作习惯坚持一段时间之后，就会成为一种无形的制度，成为你们团队高效执行、高效管理的关键流程。

同时，每个下属有其不同的个性和特质，因此销售管理者在对下属的工作进行检查时要"因人而异"，根据下属的个性和工作情况制定不同的检查方法。一般来说，职级越低的下属越要进行细节的检查，而对于职级较高、理解能力较强、办事效率也较高的下属，则只要确认其工作的方向和大致计划正确即可。

此外，销售主管也要注意规避一些检查的误区。

一是重结果，轻过程。有的管理者在检查下属的工作时，一旦发现下属的工作结果不理想，就立即展开严厉的批评，而忽视了下属在执行过程中遇到的困难和障碍。甚至在整个执行过程中，管理者都没有进行跟踪和检查，却只关心结果如何。还有的管理者看到下属的成交量比较大就忽视他们拿结果的过程，从而埋下了销售员在签单过程中出现"不择手段"的隐患。正确的检查其实应该是苛求过程而释怀结果，即对销售员工作的每一个环节、关键行为等进行跟踪和检查，确保他们在执行过程中的工作态度、工作方法都没有问题，而对于已经确定的结果就要尽量释怀。管理者要明确检查的目的是为了更好地开展工作，而不是为了苛责下属。

二是重对错，轻行动。我发现不少销售管理者过于注重对错，而忽视了改善下属的工作行动。例如，一味指摘下属工作中的错误，却没有提供改正错误的行动建议，导致下属陷入被批评的负面情绪中，却依然不知道该如何解决问题、如何获得更理想的结果。这样的检查不但无效，还会让双方的关系变得紧张。检查的焦点在于如何更好地解决问题，让整个过程更为完善，让双方做出更积极的行动。

三是重批评，轻辅导。不少管理者在检查下属的工作，发现下属犯了一个自己认为不应该犯的错误时，便全力批评下属"为什么你会犯这么低级的错误""这个问题其实不难，你肯定当时没有好好听我在说什么"等。事实上，扮演一个批评者的角色，并不利于解决问题。在检查过程中，管理者要做的重点工作是让下属知道自己的工作在哪里出现了问题，并且给予下属适当的辅导，让下属知道该如何改善问题。

对管理者来说，苛求过程、释怀结果是一种态度，也是一种修为，能够保持内心的平静和追求。当你把目光从结果转向过程时，反而会取得更令人惊喜的成绩。

04

勤评估：检查技能水平并增强

俗话说，是骡子是马要牵出来遛一遛。管理者也要勤评估，检查下属的技能水平。

对于销售工作来说，勤评估销售员的技能水平有两个好处：一是评估行为会自发地引导销售员更积极地工作，而不是滥竽充数或消极怠工；二是评估销售员的技能水平之后，可以有针对性地增强下属的技能。

那么，管理者在检查销售员的技能时，要检查哪些技能，或如何评估他们的技能水平呢？一般情况下，我们重点关注两点：一是工作态度；二是工作能力。

（1）评估销售员的工作态度

在工作态度方面，我们重点考察的是销售员服务客户的态度。销售员在与客户交流时是否做到有礼有节、客户对该销售员的满意度如何、该销售员是否被客户投诉过等，都是管理者在评估销售员的工作态度时的重要依据。

曾经我有位下属，脾气非常火爆，在与客户沟通时常常一意孤行，总是企图让客户听从自己的想法，销售时常用的口头语是"你不对""你这么想就大错特错了"。结果他不仅不能拿下订单，还经常被客户投诉服务态度不好。

其实这位下属的可塑性还是很强的。当我了解到这一情况后，我找他谈话："记住，一旦我们进入销售战场，无不对的客户，只有不对的销售员。如果你不认同客户的表达，你可以保留你的不认同，但你不能直接反驳客户。这是一件百害无一利的事情。切实找到客户的需求，并告知对方我们能为他解决哪些实际的问题，让他自己权衡利弊，必要的时候促一把火力，这是作为销售员的工作。你的任务是帮助客户，为客户的问题提供解决方案，而不是与客户辩论。尽管在这中间，客户的一些错误想法或坚持会阻碍销售进程，但你依旧要控制住想要批评、纠错的想法。"

这位下属很听劝，也很快意识到问题的严重性。于是在接下来的销售中，他学会了扬长避短，以更温和的态度与客户交流，业绩也越来越好。后来，他还不断地把这一经验告知其他新同事，告诉他们工作态度的重要性。

作为一名销售团队的管理者，在评估下属的工作态度时，除了要评估下属服务客户时表现的态度外，还需要评估他们工作时是否认真、是否具有强烈的责任心和时间观念等。这些也是评估销售员的工作态度的重要依据。

具体来说，对销售员的工作态度的评估标准如下：

销售员是否积极拜访客户？

销售员是否做到了礼貌拜访客户（该销售员的好评率/投诉率如何？）？

销售员是否做到了有问题及时并主动地向上司反馈？

销售员是否做到了如约拜访或提前到达客户地点？

销售员是否做到了将客户的要求或建议记录在案？

销售员是否让客户感觉到与他交谈很轻松愉悦？

……

管理者只有勤评估，才能了解销售员在以什么样的态度工作，才能让他们有意识地规避自己在工作态度方面的缺点，发扬他们各自的优点。

这里我需要强调的是，评估下属的工作态度要结合客户的反馈、同事的反馈以及本人的自评。结合多方的评价得出的评估，更为可靠准确。管理者尤其要注重客户对销售员的评价，因为来自客户的评价可为销售员的改进提供有效的依据。

（2）评估销售员的工作能力

评估销售员的工作能力，主要是评估他们的专业能力、沟通能力、危机处理能力和签单能力等。

评估销售员的专业能力。销售员的专业能力表现在是否具备"以客户为中心"的销售观念，是否具有丰富的专业知识、市场知识，是否具备较强的销售基本功和熟练的销售技巧等。

评估销售员的沟通能力。沟通能力是销售员必备的工作能力之一，它甚至比专业能力还要重要。在实际销售场景中，80% 的成功来源于沟通。如果一位销售员不善沟通，那他很难打动、说服客户。有的销售员其实专业能力非常强，但是沟通能力比较差，就像是"茶壶里的饺子"，有货却倒不出。管理者如果通过评估及时察觉到他缺乏沟通能力，就可以对症下药，有针对性地培养他在沟通方面的技能。

具体来说，考察下属的沟通能力要重点关注以下几点：

是否做到清晰地表达自己的观点，传递出产品或服务的核心价值？

是否做到说服别人认可、接受自己的观点？

是否做到认真倾听客户的发言？

是否对对方的发言做出有效的回应或认可？

……

需要注意的一点是，倾听能力也是沟通能力的一个重要部分。管理者在评估销售员的能力时，不仅要考察他是否会"说"，还要考察他是否会"听"。例如，是否倾听客户的需求、想法、建议和要求等，并做好相应的记录，这也是评估的内容之一。

评估销售员的危机处理能力。评估危机处理能力的重点是考察销售员在面临危机时，是否成功地挽回了重要客户或降低了公司的经济损失等。对于销售员的这类表现，管理者要重点表扬并积极评估，而不是认为这是他们应该做的。尤其是对公司有重大贡献的销售员，管理者更应该公开褒奖，强化他们对公司的认同感和荣誉感，绝对不能不痛不痒地一带而过。

具体来说，评估销售员的危机处理能力要重点关注以下几点：

销售员是否及时意识到危机的来临？

从意识到危机到真正处理危机，中间间隔了多长时间？

销售员处理危机时关注到客户的情绪了吗？

客户是如何看待销售员给出的危机处理方案的？

我方在此次危机中付出了什么样的代价？

我们成功挽回了什么？

……

评估销售员的签单能力。我见过有的销售员虽然前期工作做得比较好，签单能力却比较弱，总是到最后关头遇到客户临时改变主意或是犹豫不定的情况。虽然他们也拜访了很多客户，但最终成交的却寥寥无几。对于销售员来说，签单能力才是他们业绩的保障。管理者可根据成交率来了解销售员的签单能力如何，再具体分析导致签单率低的原因在哪里，然后针对薄弱点提供相应的辅助或培训，以增强他们的签单能力。

值得强调的是，在评估销售员的技能水平时，销售员的自我评估也是一项很重要的参考。管理者要与他们每一个人进行面对面的沟通，例如，他们这个阶段主要负责的工作是什么？其中重点工作有哪些？工作中的难点有哪些？又是如何应对的？让销售员自己谈谈在工作上的优点和不足等。销售员的自我评估有利于平衡他人评估的偏见、误解和武断。

有个别管理者在评估下属的技能水平时会戴着"有色眼镜"，对与自己脾性一致的下属、自己喜爱的或偏爱的下属会格外宽容，而对与自己脾性不一致的、与自己有矛盾的下属则要求严苛。这种做法无论是对管理者个人还是对整个团队来说，都是非常有害的。我见过有的管理者在评估下属工作时不实事求是，而是按照自己的好恶来决定评估结果，这种行为不仅收不住人心，而且会将真正付出努力的人、真正有能力的人推得越来越远，使得那些受到管理者的恩惠但没有多大能力的人被留了下来。长此以往，团队的整体绩效会越来越不理想，管理者的个人发展也会陷入停滞。因此，在评估销售员的技能水平时，管理者一定要摘掉"有色眼镜"，做到公平、公正。

在评估的频率上，有的销售团队可能要半年、一年甚至更久才对销售员做一次评估。事实上，销售工作千变万化，销售员的成长也比从事其他工作的人要快，所以评估周期宜短不宜长。根据过往的经验，我建议以月为单位对销售员进行评估，评估之后一定要做到及时奖惩，并根据每个销售员的表现给出具体的改善建议，帮助他们扬长避短，实现快速成长。

05

勤对话：开好 4 个会

有人说，管理者和普通员工最典型的区别就是：管理者常开会，普通员工常被开会。成为销售主管之后，我也渐渐成为那个"常开会"的管理者。

管理者和下属要想保持信息通达，及时跟进最新情况，最简单直接的方式便是会议。虽然现在提倡简化会议和在线会议，但那也只是形式上的改变，其核心还是"会议"。可以说，不会开会的管理者很难做好管理工作。

对于销售管理工作来说，一定要开好 4 个会：一对一会议、部门会议、运营会议和产生决策的会议。前 3 个会议是以过程为导向的，而产生决策的会议则是以结果为导向的。

（1）一对一会议

一对一会议是过程导向型的，是由销售主管和某个销售员两个人参与的面对面的会议，主要目的在于通达信息以及交流经验和感受。管理者可以通过这个会议知道下属的工作情况，或向其传授经验和方法，下属也可以畅所欲言，汇报工作中取得的成绩和遇到的问题。

一般来说，一对一会议是以下属汇报工作情况作为开端，集中讨论下属在工作中遇到的障碍和困难。如果一对一会议召开得当，就能有效提升管理效能，提升下属的工作水平和质量，还能增进自己对下属工作的了解。

为了让一对一会议发挥最大的效果，销售主管在与下属进行一对一面谈时，要鼓励下属说出心里话。为此，销售主管要营造轻松亲切的沟通氛围，尊重下属，放低姿态，把会议变成一个了解下属想法和困难的好机会，而不是变成批评教育会。

此外，为了提升一对一会议的效率，销售主管要在会前提前告知下属开会的内容和需要做好的准备；在会议开始之后，销售主管和下属都要做好笔记，把会议讨论的重点问题和讨论结果记录在案。

（2）部门会议

如果团队有两人以上遇到同样的问题，则需要召开部门会议以共同讨论。部门会议不同于一对一会议，它更需要统筹好部门内各员工的工作。一般来说，召开部门会议会集中于部门的共同目标，会有一个主题，部门内的人员针对这个主题展开讨论。从某种程度上说，部门会议就像是一位工作监察员，会定期地监察部门各成员的工作执行情况，以提高部门整体的工作效率。

我们来看一下某销售部门在2019年7月召开的部门会议。

会议主题：2019年上半年的工作总结和2019年下半年的工作计划

会议核心议题一：2019年上半年的工作总结

工作完成情况：销售部门在上半年保守完成了部门所制定的目标，各成员表现良好，但也无明显的突破表现，总体表现平稳。

分析原因：从思想层面来看，销售员的竞争意识不强，不积极主动，没能展示出全部技能，或由于各种原因而错失了原本可成交的客户。随着时间的推移，销售员的工作热情不断下降。从技能层面来看，因为人员流动大、部分销售员的技能得不到加强，影响了部门整体的工作效率。从制度层面来看，部门为了提高销售员的竞争意识而制定了一些制度，促进工作有序开展。经过一段时间的运行，发现该制度还存在很多不完善之处，但由于各种原因依旧在执行。同时，管理者本人对制度的认识也不深，致使问题出现时并不能做出有效的应对，影响下属的工作情绪。

商讨解决方案：主要是针对已经发现的问题和出现问题的原因商讨解决方案。这部分也是会议的核心内容。需要注意的是，管理者在会前一定要先准备好几个方案，并和团队成员做过沟通，对几个方案初步达成一致。然后在会议上大家再针对几个方案进行商讨，最终确定一个具体、切合实际并能迅速解决问题的方案。

会议核心议题二：2019 年下半年的工作计划

首先，加强全体成员的竞争意识，努力配合工作，加强销售员的思想教育工作。

其次，要进一步完善规章制度，让制度更合理、适用。

最后，要制定下一季度预期达成的目标，如成交多少客户、销售额达到多少等。

案例中的部门会议主题明确，流程清晰。一般来说，部门全体成员参加的定期例会，如早会、晚会、周会、月会、年度会等均属于部门会议。这些会议都需要管理者组织召开，并把控好流程，明确会议结果，为接下来的部门工作提供方向。

（3）运营总结会议

运营总结会议是针对某一阶段的企业运营情况而展开的会议，以了解企业在这一阶段的经营决策、业务讨论和管理问题等方面。一般来说，运营总结会常分为月度运营会、季度运营会、年度运营会和项目评估会等四种会议形式。

很多企业都是按照PDCA循环的思路来经营企业。

Plan（计划）——年初制定年度经营计划，明确目标和对策，并分解到月度；

Do（实施）——每月按计划实施对策；

Check（检查）——每月对照月度计划，召开月度经营会议，确认月度目标是否达成，并分析原因；

Action（调整）——根据月度经营会议找到的原因，调整对策。

按照以上4个步骤每月循环，直至达成年度目标。然而，不少管理者发现即便是按照PDCA的循环模型实施，还是会出现各种问题，导致没能达到预期的效果。这个时候，就要召开运营总结会议以及时解决问题。

例如，某销售部门3月定下的销售额是150万元，但实际只完成了117万元，中间差了33万元，进一步分析发现原因是一家长期合作的大客户解除了合约，另外两家老客户也缩减了采购量，有的新客户延期付款等。针对这一情况，部门经理要及时召开运营总结会议商讨对策。

运营总结会议的重点不在于检查"目标与实际成绩之间的差距"，而在于探讨形成差距背后的原因并寻找对策。管理者要从下属、客户、产品和市场等4个方面分析具体的原因，同时深刻检讨自己确定的对策是否有效，能否实施。如果对策无效，那么此时团队就要进一步寻找原因并更改、修正对策。

运营总结会议是为了解决团队运营方面的问题，包括公司的销售经营成本、成果、花费等问题，通过总结和分析问题，寻找对策来解决问题，最终实现提升运营效率的目标。

（4）产生决策的会议

产生决策的会议一般是下定决心选择哪种决策或解决方案而召开的会议。产生决策要稳、准、快。为了避免不出结果的讨论，销售管理者在召开此类会议时要注意以下几点。

开放式讨论。为了能够得到一个更有价值的决策，销售管理者可以多提一些有关决策主体的开放性或探讨性的问题，引导大家表达自己的想法。在下属表达的过程中不做评判，树立下属的信心，产生积极的影响。

少数服从多数原则。通常情况下，对于一个观点总会有持不同意见的人，常常谁都难以说服谁。面对这一情况，销售管理者可以采取少数服从多数原则，而得到少数人支持的观点则可以作为补充观点，并汲取其中有益、对现实有帮助的部分。

将决策内容记录在案。决策之后，要准确、简洁地记下决策的主要内容。

从你走上管理岗位的那一刻开始，开什么会、如何开会、开会的结果是什么……这些问题都将成为你工作中重要的一部分。你站得越高，会议就越多。这是我从销售主管做到大区经理、事业部经理甚至成为旅悦集团的总裁之后最深刻的体会。总之，如果你刚刚走上管理岗位，我真诚地奉劝你：一定要学会开会！

06

勤复盘：定期复盘，复制好的结果

在阿里铁军，销售团队的各管理层有一项重要任务就是复盘。不定期地和下属复盘过去的工作、问题和成绩，是提升团队战斗力的必要手段。

及时复盘，勤于复盘，不断完善计划，对销售工作来说非常重要。举个简单的例子，你刚刚拜访了一位客户或者刚和一位客户结束了一场谈判，此时你就要及时复盘，回顾、反思自己在这次工作中的表现，并从中得出启示。对于需要修正的部分要及时改进，而对于表现优秀的一面要复制好的行为，以得到更好的结果。

复盘虽然是一项需要花费大量时间和精力的工作，但是一旦形成习惯，就能积极地促进自我发展和组织发展。

（1）月度复盘

销售管理者要定期展开复盘，可以以日、周、月作为周期，做出分析和总结。为了让复盘的内容更为翔实、全面，通常会以月作为周期来展开复盘。

在月度复盘中，管理者既可以带领下属一起做总结和分析，也可以让下属先行写出总结，尽量简洁明了地阐释自己的工作行为。例如，自己这个月主要做了哪些工作，哪些是重要工作，遇到了什么问题，自己是如何解决的，解决方案是否有效，是否产生了新的问题，等等。对于这些都要清楚简洁地阐述，并交给管理者审阅。管理者收到下属提交的月度复盘报告时，要及时查看并给出自己的意见，既可以通过报告审阅方式进行回复，也可以找下属面谈。

很多管理者因为平时工作繁忙，并不能及时查看下属交上来的月度复盘报告。这一行为不仅会降低月度复盘的价值，还会直接影响下属的情绪。因此，在收到下属的月度复盘报告时，管理者要空出一天或两天的时间好好查看、分析并研究，找出下属当月工作中的重点和难点，做好记录和反馈。

（2）平行复盘

平行复盘是指销售员和管理者同时进行复盘。这是复盘的一种常见方法，因为不同的人对同一件事会有不同的看法，所以平行复盘更能通过对比发现自己的认知和他人评价间的差距。前面我们说到管理者要勤陪访，帮助下属冲业绩。因此，管理者可以根据自己陪访时对下属的观察和下属对自我的评价进行两两对比，并通过相互讨论进行复盘。

管理者在做平行复盘时要重点关注下属行为中需要提升的点和优点，并且要强调优点，让下属继续将其发扬光大，复制好的结果。在此基础上，再提出一些需要提升的点，督促下属改进。

需要强调的是，管理者在和下属进行平行复盘时，不要一味地发表自己的看法，坚持自己的观点，也要结合下属的复盘展开讨论，纠正对方认知中偏差的那一部分。

（3）建立知识库体系

每次复盘行为对下属来说都是一次补充自己知识、增长经验的好机会，为了不浪费每次复盘的机会，帮助下属建立知识库体系显得尤为重要。这就像是上学时期，老师让我们把错题或有代表性的题目集中记录到一个本子上一样，随着不断累积，我们会记录越来越多的题目。因为题目具有代表性且数量大，渐渐地就成了帮助自己有效改进的知识库。

如果想要增强复盘的效果，不断复制好的结果，我建议销售管理者帮助下属建立知识库体系，将每次复盘的结果都记录在册，让下属充分认识到自己在每一次复盘时所呈现的失误和优势，发扬优势，规避劣势，以取得长足的发展。

（4）塑造个案研究的文化

个案研究（Case Study），在进行复盘工作时也是很重要的一部分。管理者和下属在进行个案研究时，要选取具有代表性的案例。选取完毕之后，双方针对这个案例展开深度分析，一方面分析现状，即销售员在这个案例中做出了哪些行为，包括积极和消极的行为；另一方面也要得出有效的结论和启示。双方在此基础上还要展开分析，提出改进点和优点，这也是个案研究的乐趣。

此外，我还要强调复盘的几个要点，以帮助管理者掌握正确的复盘方法。

首先，复盘不是管理手段，意在培养人。管理者在做复盘时，要意识到自己不是通过这种手段对员工进行管理，而是要帮助员工获得进步。我每次复盘都会做到有针对性的反馈，而不是统一反馈，因为不同下属做出的复盘内容是不同的，提出的问题也不同。我希望通过复盘让每个下属都意识到自己在哪些方面还需要提升，同时也让他们意识到自己的优势所在，双管齐下，促进发展。

结果也充分证明，如果管理者能够做到勤复盘，并郑重地对待每一次的复盘，管理者和员工都会很有收获。我的很多下属都跟我反映："特别喜欢复盘这个环节，感觉每一次都以全新的视角看自己，很有趣，也很有收获。" 其实不仅仅是下属，我也从复盘中收获良多，尤其是根据复盘结果来培养员工的效果非常明显。

其次，要防止复盘形式化。 随着时间的推移，很多管理者在组织复盘时，慢慢地将其变成了一个形式化的任务，为了复盘而复盘。这是一种浪费时间和精力的行为。无论是管理者还是下属，都要以一种认真的态度来对待复盘。

从管理者的角度来说，对下属交上来的复盘报告要认真对待，而不是随意查看。如果管理者随意查看，那么下属也很可能随便做做。同时，根据复盘报告提出的反馈意见要具体，要针对本次复盘内容的特点展开，而不是每次反馈的内容都一样。

从下属角度来说，每次在复盘时要做到具体问题具体分析，不要展开模式化的复盘。用心对待每一次复盘，将其看成一个提升自己的好机会，而不是看成一个不得不完成的任务。当你的心态发生转变时，很多事情就有了更多的意义和乐趣。

最后，复盘过程中要真诚赞美，做好案例分析，并提出改进计划，还要坚持持续跟进。 管理者在做复盘时，如果发现下属有做得合格甚至优秀的地方，一定不要吝啬自己的赞美。举个简单的例子，销售员在每次拜访后都会做一个记录，记录当时的状况和解决办法。这种行为就是值得称赞的。当然，称赞要真诚，不要只是为了说而说，并且要具体，让下属知道你为了什么而称赞，进而能够接着复制好的结果。除了赞美，管理者在复盘时还要做好案例分析，提出改进计划，并持续跟进，让这一行为的效果发挥到最大。

定期复盘对于销售管理工作是必不可少的，这样不仅能很好地还原当时的场景，还是一次对自我审视和改进的机会。因此，如果你希望成为一个更优秀的销售管理者，就一定要将这件事情坚持下来，持续精进。

07

勤预测：做可以让明天更好的事

　　一个人若是永远只把目光放在自己的"一亩三分田"上，而不管未来的变化，甚至还因自己的一成不变而沾沾自喜，规定自己永远走固定的路线，最终只会被这个时代淘汰。高明的人会预测未来的趋势，因势利导，做可以让明天更好的事。

　　到底是"时势造英雄"还是"英雄造时势"，在某种程度上是一个互证的命题。但如果英雄把握了时势，成功预测了未来，那么他就会赢在未来。

　　国内知名职业生涯发展专家赵昂有一段话说得挺好："从生涯的角度来看，格局有两种：一种是宽度的格局，比如对于行业的认知，对于趋势的把握，这样的格局智慧需要浸淫在一个领域很久的职场高手才能做到。所以，和'牛人'交往，就可以获得这样的智慧，来指导自己的职业发展。另一种格局是长度的格局，是以人生为纵轴，看到在不同生涯阶段的重点是什么。"

　　说到善于预测未来，做出让明天更好的事，必须要提到阿里巴巴的创始人马云。

　　马云具有超乎寻常的商业嗅觉，他在 1994 年第一次听闻了互联网之后，第二年就开始创建网站。原因在于马云预测未来人们的购物方式将会发生改变，或者说他看到了商机，知道电子商务将在人们生活中产生重要的影响。

　　除了能预测时机，他也能抓住商机，既顺应了时势又抓住了时势。这时候，英雄就诞生了。马云当时创建阿里巴巴，正是看到了电商时代的趋势，并做出了长远的预测，所以马云成功了，而且这成功具有极大的影响力。从一位平淡无奇的英语老师站到世界富豪榜的行列，这跟马云善于预测未来、把握时势是分不开的。

在销售领域同样如此。尤其对于销售管理者来说，想要带领团队走得更好，走得更远，就要勤预测，多做对明天有利的事，而不只是着眼于今天，满足于当下。

（1）预测大环境

未来的发展不是一成不变的，每个时代有每个时代的趋势和变化。因此，销售管理者要学会预测大环境。

预测大环境不是凭空揣测，而是要具有前瞻性的眼光。比尔·盖茨就是成功预测了大环境的人。

早在 20 世纪 80 年代，比尔·盖茨曾说："我们的目标是让每一个办公桌上以及每一个家庭都拥有计算机。"在那个还处于大型计算机垄断市场的时代，此话一出，很多人都在嘲笑他痴人说梦，自不量力。但现实正如比尔·盖茨所预测的那样，尚未进入 21 世纪，几乎每个人的办公桌上、每一个家庭就已经在使用计算机了。

此外，比尔·盖茨曾经预言的智能广告、在线家庭监控、在线招聘等，后来都一一实现。这些都对人们的生活产生了重大的影响。比尔·盖茨不仅有预见未来的眼光，还能积极创造、奋勇进取，使得这些预测变成现实，从而获得了巨大的财富。

《鬼谷子》里有这样一段描写："观阴阳之开阖以命物。知存亡之门户。筹策万类之终始，达人心之理，见变化之朕焉，而守司其门户。"意思是说通过观察阴阳、分合等自然现象的变化，对世间万事万物的变化进行辨别，并进一步了解和掌握事物的本质属性，推算和预测事物的发生过程，通晓人们内心变化的规律，及时发现事物发展变化的征兆，从而把握和利用事物发展变化的关键，以求因势利导。

古人的智慧告诉我们了解和掌握事物的本质属性，从中推算和预测事物的发展及其在未来的运势，因势利导，实现创造。如果你想要在未来有所成就，你就要拥有一种前瞻性眼光。

前瞻性眼光是一种超越当前正常发展规律的能力，你比别人提前预见到可能在 10 年后甚至 20 年后才会出现的情况，提前"到达"未来。这样的人会比别人更快、更准地抓住机遇。

作为一名销售管理者，一定要不断思考过去、现在和未来，对过去和当下所发生的重大事件或自己有印象的事情留心，并从中尽可能地总结规律，不断研究、思考和预见未来的发展趋势。

此外，销售主管要学会做趋势分析，了解大环境朝着哪个方向发展、都有谁参与进来、未来可能还会呈现什么样的变化等。同时非常重要的一点是销售主管平时要多预测，把预测当成一种习惯，无论正确与否都不要停止，应继续保持。

最后，销售管理者要经常分析自己当前的方向是否正确或自己前进的方向是否向预测的方向靠拢，以此判断自己的预测能力如何，并及时做出反思、调整。

（2）现状分析

当预测完大环境之后，销售管理者就要对现状进行分析。现状分析主要基于以下两点：

一是分析当前自己做了什么、做到何种程度；

二是就自己预测的趋势来分析自己相对于目标的距离、方向等。

销售管理者在分析现状时，要明确现状与所预测的趋势目标之间的差距，并找出问题，推导出原因，再想出解决办法。

销售管理者在分析现状时，要目光长远，不仅要看到眼前的问题，还要考虑到以后可能会遇到的问题；看问题不能片面，需要从各个角度和层面去看待；看问题要直击核心，看到本质。

现状分析是为了更好地赢在未来，所以在进行现状分析时，管理者要记得与自己的团队成员一起讨论，集大家意见之长，共同决策。

（3）缩小差距

当分析完现状之后，很多问题和方向都会变得明朗起来。接下来，销售管理者要做的就是缩小差距，即从当前朝着未来趋势的方向不断做出努力，以赢得未来。

具体来说，缩小差距就意味着朝着自己预测的趋势，调整当前现状中的不利或不符合趋势发展的行为。在调整时，管理者要从实际出发，不要做出一些天方夜谭的幻想。我见过一些管理者大胆地预测了未来，但真正到了实施这一步时，总是做些不切实际的幻想，还总是很兴奋。对未来发展保有兴奋之情虽然也挺好，但兴奋也要基于现实，要做有助于步步提升的事情。如果一开始就不切实际，那么你是坚持不了多久的。越进行到后来，你越是会发现不切实际的目标难以达成，很快你就会在内心开始怀疑和排斥。最终，结局只有一个，就是放弃。

如果一个人有预见未来的眼光，并信任自己的能力，矢志不渝地朝着目标前进，他就会取得他想要的回报。相反，困守在琐碎生活里的人们，往往缺乏足够的内心力量去追求自己的主张，或者根本不知道自己的主张是什么。

在某种程度上，你的眼光大致决定了你以后几十年的状态和方向，是碌碌无为还是有所作为，眼界决定着你人生所能达到的高度，能干成多少有用的事，能对多少人产生积极的影响。

当然，要拥有预见未来的眼光，就需要积蓄能量，所以你需要多去经历、多去看看、多去听听外面世界的发展，并不断做出积极的努力。

第 4 章

立政：

凡将举事，令必先出

求必欲得，禁必欲止，令必欲行。

——《管子·法法》

管理要有虚有实

2010 年年底，我离开了阿里铁军，并于 2011 年 1 月正式加入美团网，担任美团网的大区经理，管理 1200 多人的销售团队。

加入美团网之后，我不仅换了工作地点，也换了身份角色。相比较而言，在阿里铁军工作的那段时间，工作内容以及个人想法都非常简单，只要带领团队往前冲业绩就行。但是加入美团网之后，我带领的团队更大，这也意味着责任更大。这个责任不仅体现在业绩上，更体现在团队的管理工作上。

因此，在加入美团网之后的很长一段时间里，我都在研究销售团队管理的策略。我深知，一家企业的发展靠的不是管理者个人，而是团队里每个人的努力。慢慢地，我摸索出了一套管理销售团队的方法。

管理要有虚有实。其中"虚"是指价值观、目标，它可以让企业更有动力，走得更远；而"实"是指业绩、利润和金钱。要做好管理，既要懂得用价值观、目标规范下属的行为，也要学会用业绩、金钱激励下属，两者缺一不可。

（1）用价值观规范员工行为，用目标引导和激励员工

所谓的"团队价值观"是指团队全体成员的价值取向，是指团队在追求成功的过程中所推崇的基本信念和奉行，原则是团队全体成员都接受的共同观念。价值观虽然是看不见、摸不着的东西，但是能有效规范员工的行为，增加团队的凝聚力。

除了价值观外，能激励、引导员工的是明确、统一的团队目标。明确、统一的团队目标能让员工朝着同一个方向奋斗，并能激励他们不断挑战自己，完成任务。

有这样一则故事。

1952 年 7 月 4 日清晨，加利福尼亚海岸被大雾笼罩。在距离海岸西边 21 英里（约 33796 米）的卡塔林纳岛上，有一位女子正准备从太平洋游向加利福尼亚海岸。她就是女运动员罗伦斯·查德威克。如果这次成功了，她就是第一个游过卡塔林纳海峡的女子。

但是那天早上雾非常大，她几乎看不见护送她的船。有几次，鲨鱼不断向她靠近，船上的人开枪将鲨鱼吓跑了。于是她继续游。15 个小时之后，她已经开始体力不支，于是让人把她拉上船。此时，她的母亲和教练在另一艘船上，不断鼓励她坚持游下去，因为很快就要抵达海岸。但是，当她抬头朝加利福尼亚海岸望去，雾气蒙蒙，什么也看不见。

在船上休息了一段时间后，她的身体逐渐暖和了一点，这时候的她开始感到非常沮丧。她对记者说："说实在的，我不是为自己找借口，如果当时我看见陆地，也许我能坚持下来。"

实际上，查德威克被拉上船的地点距离海岸只有不到 1000 米的距离，但她最终还是放弃了。打败她的不是疲倦的身体，不是刺骨的海水，而是看不见的目标。

无论是个人还是团队，如果看不清楚目标在哪，不管你能力有多强，都会

很容易放弃。因此，我始终强调目标对团队管理的重要性，且会投入大量的时间和精力制定团队目标。

在制定目标的过程中，我始终坚守 3 个原则。

第一个原则：目标要具有挑战性。设定的目标一定要有挑战性，只有这样才具备激励员工的效果。换句话说，就是设定的目标要适当超过员工日常的能力水平，让员工"跳一跳"能够够着。

第二个原则：目标要具备合理性。如果设定的目标是员工无论怎样努力都难以达成的，或者目标过低，员工轻易就能完成，那么这个目标就是不合理的。

第三个原则：将团队目标分解成个人目标。要想实现团队目标，就必须对目标进行分解，让目标任务落实到团队的每一个人的头上。对团队目标进行分解不是简单地将总目标均等划分，而是要根据岗位职责和个人能力进行分解。

制定统一的团队目标，是为了让团队成员知道他们"为何而战"。当团队中的每一个成员都清楚地知道他们"为何而战"，并由此建立基本共识，他们便能朝着正确的方向积极行动起来，且会主动互相协作，以达成团队目标。相信这是每一位销售团队的管理者都希望看到的画面。

（2）提升员工赚钱的能力，而不是直接给员工钱

管理要有虚有实，其中的"实"是指业绩、利润和金钱，也就是赚钱。但是这里的"赚钱"指的是过程，而不是目标和结果。

对于大部分人而言，对工作最基本的需求就是赚钱。因为只有赚到了钱，我们才能生存、生活，进而才能在此基础上实现个人目标和梦想。

在实际的管理工作中，员工跟管理者最常谈到的问题就是薪酬。一般情况下，员工都会抱怨工资太低。而绝大多数管理者在面对这一问题的时候，要么觉得员工目光短浅，拒绝给员工加薪，要么直接给员工钱。第一种方式显然是

不对的，因为薪酬是员工的基本需求，只有满足了员工的需求，他们才有工作的动力和积极性。而第二种方式也不是有效的管理方式。为什么直接给钱也不行？

举个例子，今天你给员工 20000 元，他会特别开心。下个月，你再给他 20000 元，他也会很开心。但是到后来，你再给他 20000 元，他的开心可能只有原来的 1/10，因为他在想：为什么不能给更多的钱？所以，一味用钱来解决问题的管理方式并不可取。

我个人认为，员工的收获分为两个部分，一部分是收入，一部分是职位。将这两个部分分别放在直角坐标系的横轴、纵轴上，连接员工的职位与收入坐标，其阴影部分的面积就是员工全部的收获，也是最大的收获。当然，这里使用三角形的面积算法只是为了更形象地向大家展示，同时给员工钱和升职，可以给员工带来的收获。实际上，如果只给钱或者只让员工升职的话，员工也能有所收获。但是同时让员工赚钱和升职来说，员工的收获显然更多。而且，这种"鱼和熊掌兼得"的方式也是员工所追求的，更能激励员工。

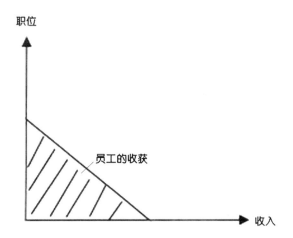

作为管理者，我们最应该做的事情是帮助员工提升各方面的知识和技能，从而让他们可以轻松实现目标，赚到钱。换句话说，我们应该看重的是过程而不是结果。但是对于大多数员工而言，相比工作过程，他们更在乎的是工作结果——能赚多少钱。

所以，除了要向员工传递正确的价值观，确立合适的团队目标，帮助员工升职外，还要让员工看到实在的东西——让他们赚到钱。否则，员工只会认为你在"画饼充饥"，很快他们便会放弃你。

在实际的管理工作中，要如何让员工赚到钱？我总结了以下 3 点建议。

第一点：敢于跟员工谈钱，了解员工期望的薪酬。 很多管理者不敢跟员工谈钱，一方面担心员工提出过高的薪酬要求，另一方面认为只知道谈钱的员工没有未来。事实上，敢于明确跟你谈钱的员工，才是真正清楚自己未来的人。而且对于管理者而言，敢于跟员工谈钱也是对员工最基本的尊重。此外，跟员工谈钱，也能够了解员工期望的薪酬，便于制定激励性的薪酬制度。

第二点：明确告知员工如何才能拿到钱。 要让员工拿到钱不是简单说一句"努力就能赚钱"，而是要明确告知员工如何才能拿到钱，能够拿到多少钱。例如，"如果能够搞定这个客户，顺利签单，你可以拿到 10% 的提成"，这样具体的数字更能激励员工的工作积极性。

第三点：帮助员工拿到更多的钱。 换句话说，就是带领团队冲业绩，拿奖金。这样做不仅能激励员工的斗志，还能够让员工更加信任你，更愿意衷心地追随你。

有虚有实的管理方式让管理既有好看的皮囊，又有有趣的灵魂。而这正是新时代的员工愿意追随的领导者形象。我也正是因为掌握了这一点，才得以让自己的管理工作更加得心应手。

管理者的产出公式

加入美团网之后，因为身上的担子更重，责任更大，我开始不断钻研要如何做才能成为一名优秀的管理者。我清楚地认识到，作为一个管理者，带领团队不断地前进，为公司创造更大的价值，才是我的价值所在。

英特尔公司前董事长和首席执行官安迪·格鲁夫在其著作《给管理者的第一堂课》中提出了"管理杠杆率"的概念，把它定义为"衡量各种管理活动对团队产能的指标"，并给出了一个计算公式：管理者的产出 = 管理杠杆率 a × 管理活动效率 a+ 管理杠杆率 b × 管理活动效率 b……

从该公式中可见，要提升管理者的产出，可以通过 3 个方法来实现。

（1）提升管理活动的效率

管理活动的效率越高，管理者的产出就越大。那么，作为管理者要如何做才能提升管理活动的效率？

第一，做好日程规划。做好日程规划即要明确自己每天要做什么任务，什么时候将其完成。这样做不仅有助于自己顺利地开展任务，还能确保工作效率和质量。

第二，重点工作优先做。管理者在进行管理活动的过程中，不要"眉毛胡子一把抓"，而是要对各项事情进行分类，按照事情的紧急程度和重要程度进行划分。首先要做重要且紧急的事情，然后再做重要但不紧急的事情、紧急但不重要的事情。对于既不紧急也不重要的事情，要直接过滤掉。这样才能将时间效益最大化，才能提高管理活动的产出量。

第三，实行标准化的工作模式。为了能够有条不紊地进行工作，提高管理活动的效率，最好的方式就是建立标准化的工作模式。例如，把例会都安排在周一早上或周五下午。

当然，这些只是一些简单的技巧，管理者在实际运用过程中还要根据自己的实际情况进行调整。我们公司有个销售主管，如果早上起太早、休息不好的话，就会一天都没精神，干什么效率都不高。所以，他一般早上都是 10 点钟才到公司，但晚上可以工作到 10 点才下班。这种根据自己的精神状态调整工作时间、提高管理活动效率的做法，我非常支持。

（2）提升管理杠杆率

管理杠杆率的高低，等价于各单项管理活动所带来的产出总量的大小。

作为管理者，我们的日常活动不只是完成工作任务，而是将更多的时间用来开会、收集信息和做决策，并将收集到的信息反馈给团队的成员以及上级管理者。所以说，管理者的日常活动 = 收集信息 + 决策 + 信息反馈。

收集信息。要想做出有效的决策，必须依据从一线收集到的数据。以往，管理者收集数据和信息的渠道是会议。但是随着互联网的发展，管理者可以获取信息的渠道也越来越多，例如，短信、微信、QQ 等在线社交平台，以及钉钉等工作社交平台，实时追踪一线的原始数据。

做出有效决策。管理者收集信息是为了掌握团队运营的实际情况，以便做出更正确、有效的决策。最好的决策并不是管理者自己关起门拍脑袋定下的，而是通过决策会议、参考团队成员的意见，共同制定的。

通常情况下，理想的决策会议都会经历 3 个步骤：

第一步：自由讨论，即让员工自由发表自己的意见；

第二步：清楚决策，即在讨论结束后，管理者要清楚地做出决策；

第三步：全力支持，即无论该决策是管理者提出的还是员工提出的都要全力支持，让决策得以有效执行。

做决策并非一件容易的事情。在实际做决策的过程中，难免会遇见各种各样的问题。总结以往做决策的经验，我发现以下几种问题是最常见的，需要引起管理者的注意。

第一个问题：同级群体症候群。如果是一群级别相同的员工在一起，很难快速做出决策。这主要是因为，大家级别相同，任何人都不想站出来当决策者。因此，这个时候必须有一名领导者在场，能够控制决策会议的局面，并快速做出决策。

第二个问题：不想和别人的意见不同。决策会议允许每个人发表自己的看法，但是团队中不乏一些"跟风"的人。他们因为不想跟别人的意见不同，而不发表自己真正的意见，只是附议他人的意见。

第三个问题：怕别人觉得自己笨。担心自己说出不同的意见或方案会被别人嘲笑，甚至觉得自己笨，由此而选择认同他人意见的人也不占少数。

当然，要解决这些问题并不难。这就要求管理者在召开决策会议的时候，要注意观察员工的行为，懂得洞察员工的想法，激励员工表达真实的想法。

最后，进行信息反馈。

安迪·格鲁夫曾说："管理者不仅收集信息，同时也是信息的来源。"在管理工作中，如果管理者不将收集到的信息进行反馈，那么收集到的信息就如"一潭死水"，无法产生价值。因此，在收集到信息后，管理者要将信息传递给自己部门的员工、自己的上级或者其他相关部门。在传递的过程中，除了要告诉他们基本的信息外，还要告诉他们你对这个信息的思考是什么，下一步决策是什么，你打算怎么做。这样他们也会清楚你的目标和方向，进而给你提供相应的帮助。

一般来说，在向下反馈时，一定要注意 3 点。

第一，首先赞赏、肯定员工的行为。这是激励的一种方式，能够激发员工的积极性和动力，让员工能产出更多的效能，进而提高管理杠杆率。

第二，指出员工的问题，并帮助员工一起改正。纠正问题，其实就是避免产生低杠杆率的管理活动。换个角度思考，指出问题并纠正问题其实就是在提升管理杠杆率。

第三，设定工作目标。反馈信息，目的是为了提升员工的工作效率，进而提升管理杠杆率。因此，反馈信息结束后，还要帮助员工制定工作目标，并鼓励员工努力完成任务。

除了收集信息、决策和信息反馈外，提升管理杠杆率还可以采取的方式是：一次管理活动尽可能影响更多的人，并想方设法让这些被影响的人印象深刻，进而产生更深远的影响。例如，组织一次大规模的团队培训活动，在活动现场发表震撼人心的演讲。通过这种方式激励员工工作的动力和积极性，进而提高员工的产出效能，提升管理杠杆率。

（3）调整活动组合，把精力放在杠杆率高的管理活动中

不同的管理活动，其杠杆率不同。因此，为了提高管理者的产出，管理者应当把有限的精力放在杠杆率高的管理活动上，摒弃低杠杆率的管理活动，或者用杠杆率高的管理活动代替杠杆率低的管理活动。

杠杆率高的管理活动通常有以下 3 种。

第一种：管理者一个人可以同时影响很多人的活动。

第二种：管理者一个人的简单动作或者简单的话语可以对别人产生长远影响的活动。

第三种：管理者提供的信息、技术和知识可以对一群人的工作造成影响的活动。

例如，授权给下属，关注用户的反馈，对团队进行绩效评估，这些都是杠杆率较高的管理活动。

除了要明确哪些是杠杆率高的管理活动外，还要知道有哪些管理活动会减少整个团队的产出，即找出杠杆率为负的管理活动，如"上级过度干涉""管理者情绪低，影响团队士气""管理者拖延决策"等。管理者在遇到这样的杠杆率为负的管理活动时，一定要坚决地摒弃。

从管理十几人的销售主管到管理一千多人的大区经理，我深刻地体会到管理者身份的不同。我不仅要关注自己的产出，更要关注团队每个人的产出。因为管理者的产出等于团队每个人的产出的和。只有发挥出每个人的潜能和价值，管理者个人的价值才能得以实现。

03

制定一套制度，"在框架内行走"

做主管，管理十几个或者二十几个员工，只要足够勤奋、肯努力付出，就能够让团队成长起来；如果管理三四十个员工，就要制定一套制度，让员工在框架内行走。

制度是一个团队文化的精髓，是团队得以生存发展的保障。任何一个高绩效的团队，都有严谨的制度。任何一个优秀的员工，都具备严格的制度观念。唯有制定制度，让员工在框架内行走，才能将大家的力量拧成一股绳，让团队得以快速发展。

一套适合团队、能够有效约束员工行为、让员工可以"安全"地在框架内行走的制度主要包括以下几个方面的内容。

（1）明确岗位职责

销售团队的工作人员需要负责完成既定的销售任务。为了正确、高效地完成任务，就必定要明确销售员的具体工作职责。这也是制度里面最关键的一项内容。

以旅悦为例，销售员要明确以下几个职责。

第一，对商家的经营资质、服务品质以及商业信誉进行尽职调查，禁止与下列商家合作：

生产、销售法律法规禁止的商品或服务的商家；

生产、销售国家禁止的商品或服务的商家；

生产、销售伪劣商品的商家；

生产、销售公司禁止的商品或服务的商家。

第二，对商家的资质进行尽职审核，并根据公司的相关规定签订合作协议及附件。

第三，根据公司的要求，保证采购产品的真实性，并努力提升采购产品的市场竞争力。

第四，上线前对商家开展相关培训，确保服务流程顺利进行。

第五，上线后积极维护商家。

第六，持续提升服务质量，提升服务满意度，提升消费者产品体验。

第七，遇见重大问题应及时报告。

第八，完成公司交办的其他任务。

由于行业、产品或服务的性质不同，销售员的职责也会存在较大的差异。但在本质上，明确销售员的职责就是明确销售员在工作过程中应该做什么，不应该做什么。

（2）明确违规行为

一套好的制度不仅要告诉员工能做什么，更要告诉员工不能做什么。设置红线，让员工在正确的框架内行走，才能确保员工不走偏。

依据违规行为对企业造成的损失，可以将违规行为分为三大类：重大违规行为、一类违规行为以及二类违规行为。

重大违规行为主要包括以下几种：

第一种：擅离职守。擅离职守指销售团队的工作人员外出从事与工作无关的事情，或未经批准擅自因私脱离工作岗位。

第二种：资质伪造。资质伪造指销售团队的工作人员为牟取不正当利益而伪造商家资质信息的行为。例如，销售人员单独与他人共同伪造商家的资质信息以达到符合签约的条件。

第三种：业绩伪造。业绩伪造指销售团队的工作人员为牟取不正当利益或完成公司考核指标而伪造销售数据的行为。例如，销售人员大量虚假购买自己所负责的产品或服务。

第四种：不当得利。不当得利指销售团队的工作人员向商家索要财物或账外收受商家、竞争对手或公司其他员工各种名义的回扣、手续费及其他财物归个人所有，或利用公司漏洞牟取个人利益，数额或价值超过一定金额。例如，利用公司信息优势，利用不正当手段，牟取私利。

第五种：泄露机密。泄露机密指销售团队的工作人员违反保密协议或公司的保密制度，泄露或不当使用公司的商业秘密或与知识产权相关的保密事项。

一类违规行为主要包括以下几种：

第一种：恶意竞争。恶意竞争指销售团队的工作人员为达成业务目标，采用不正当手段，对存在竞争关系的集团、公司内其他业务团队、个人造成不良影响或损害集团、公司利益的行为。例如，销售人员采取不正当手段从同事手中抢单，造成同事的利益受损，并造成负面影响。

第二种：过度承诺。过度承诺指销售团队的工作人员擅自对外夸大优惠或承诺提供超出自身权限的服务的行为。例如，销售人员擅自向商家夸大产品或服务的成交数量。

第三种：虚构、隐瞒事实。虚构、隐瞒事实指销售团队的工作人员故意虚构事实或隐瞒真相导致公司遭受经济损失或名誉损害的行为。例如，销售人员未经商家盖章确认就私自修改合同的内容。

第四种：骚扰消费者。骚扰消费者指销售团队的工作人员为牟取不正当利益，主动接触消费者，且无视消费者合理诉求或措施不当，导致消费者投诉或影响消费者体验的行为。

二类违规行为主要包括以下几种：

第一种：工作失职。工作失职指销售团队的工作人员因疏忽大意或其他过失未履行自己的职责，以致给公司、商家或消费者造成损失或潜在风险。例如，销售人员未及时对商家进行业务形式、系统使用及其他培训。

第二种：工作失误。工作失误指销售团队的工作人员因疏忽大意或其他过失错误地履行自己的职责，以致给公司、商家或消费者造成损失。例如，销售人员错误录入拜访信息。

第三种：流程不当。流程不当指销售团队的工作人员违反公司业务流程规范或业务规则，以致给公司、商家或消费者造成损失或潜在风险。

第四种：态度不端。态度不端指销售团队的工作人员的工作态度不端，服务意识缺乏，对消费者、商家缺乏耐心，态度恶劣，或发生言语、肢体冲突，给公司造成不良影响。

第五种：言论不当。言论不当指销售团队的工作人员发表不当言论，传播负面消息，诋毁公司或同事，造成不良影响。

（3）明确违规行为的处罚方法

为了更好地规范销售员的行为，管理者还应明确违规行为的处罚方法。绝大部分销售团队都是采取扣分制的处罚措施。处罚的力度应根据员工违规行为的严重程度进行划分，也就是要以 3 大类违规行为为基础，设定相应的扣分制度。

例如，可以使用这样的格式：销售团队的工作人员出现本办法规定的重大违规行为时，按照一般、较轻进行扣分。一般情况下扣除 × 分；情节较轻的扣除 × 分。

除了以上违规行为处理办法外，销售管理制度中还应明确交代特殊问题的处理办法。特殊行为的处理办法一般包括以下 3 种。

第一种，销售团队的工作人员协助、包庇、纵容、劝说、利诱、授意、怂恿其他人员实施违规行为，公司将参照违规人员给予同等扣分。

第二种，销售团队的工作人员行为触犯刑法并被依法追究刑事责任的，直接开除。

第三种，销售团队的工作人员实施本办法规定的违规行为给公司造成损失的，应依法赔偿公司的经济损失，并扣除不低于 ×× 元的绩效工资。

当然，销售团队的工作人员认为公司对其违规行为的处理决定有问题，可以向管理组提出书面申诉，申诉内容应包括申诉请求、申诉事实和申诉理由，并提供相关证据。销售团队的工作人员申诉期间，不影响公司对其处理决定的执行及效力。

销售职责、违规行为以及违规行为的处罚办法，其实就是在明确告诉销售员应该做什么、不应该做什么。对于任何行业的销售员团队来说，都要从这三个方向制定制度，让员工清楚知道自己的职责以及不能触碰的行为"红线"进而提升员工的工作效率。

某酒店事业部拜访和陪访考核办法如下。

XX 集团国内酒店事业部拜访和陪访考核办法

第一条 目的

为使 ×× 集团国内酒店事业部地面团队与电销团队的拜访及销售管理者的陪访工作更加规范化，提高工作效率，特制定《×× 集团国内酒店事业部拜访和陪访管理考核办法》。

第二条 涉及对象

国内酒店事业部地面开发销售人员、电销销售人员、区域经理。

第三条 考核指标

续表

岗位	考核指标	目标量	处罚标准
销售经理	拜访量	4 次 / 天	20 元 / 个 500 元封顶
区域经理	陪访量	区域名下开发 10 人（含）以上，要求月覆盖率达到 80%，两个月 100% 陪访覆盖完毕；名下开发 10 人以下，当月 100% 陪访覆盖完毕	100 元 / 个 无封顶

有效拜访定义：上门拜访且见到酒店（物业）负责人（职务为店长、经理（含）以上的角色）。

第四条 录入要求

（一）销售经理和区域经理当日拜访或陪访需当日如实录入系统，不允许跨天录入；

（二）若拜访或陪访信息当天 24 点前未录入系统或录入拜访内容错误，需要邮件报备，TL（Team Leader，团队领导）审核确认后生效。拜访只接受次日补录，其他情况不接受补录。

邮件报备模板如下：

邮件主题	【报备】拜访 / 陪访补录 / 录入错误
发送对象	开发区域经理
抄送对象	×××
邮件正文	×× 酒店，由于 ×× 原因，×× 内容未及时录入系统 / 录入错误，特此报备，辛苦审批

（三）拜访对象为 KP 视为有效拜访，若同一天多次拜访同一个 KP，则只统计一次。

第五条 处罚办法

（一）拜访量：要求销售人员完成 4 次 / 天的拜访任务，且月拜访量不少于 80 次 / 人。若月有效拜访量小于月考核标准量，均按照 20 元 / 家加以罚款，500 元封顶。

（二）陪访量：要求管理人员完成对名下 BD（商务拓展）专员陪访覆盖，名下开发 10 人（含）以上，要求月覆盖率达到 80%，两个月 100% 陪访覆盖完毕；名下开发 10 人以下，当月 100% 陪访覆盖完毕。如未完成，均按照 100 元 / 个进行罚款，无封顶。

（三）如果发现虚假拜访，会按照《×× 集团违规管理制度》的相关规定进行处罚。

第六条 考核办法

（一）负责人每月提取系统内上个月的数据，对 BD 专员上月度的"月有效拜访量""陪访覆盖率"进行统计，每月 10 号前统计结果发送各个团队领导及人力资源业务部门合作伙伴确认，15 号前申诉完毕，逾期则不接受申诉；处罚金额会从次月绩效奖金（提成）中扣除。

（二）同一个销售或者区域经理连续两月没有达标，视同绩效不达标，人力资源部门进行绩效访谈。

第七条 处罚与申诉流程

（一）处罚名单发送：每月 10 日会将处罚结果扣减项目发送区域经理核实并确认。

（二）核实与申诉：每月 15 日左右之前，大区经理及人力资源业务合作伙伴提出申诉，具体申诉截止时间以邮件为准。如超过申诉截止时间，将不再接受任何疑义和申诉。处理结果以事业推进中心最后一次邮件回复的结果为准。

第八条 其他说明

（一）本月实际工作天数 = 当月天数 – 当月双休日天数 – 当月法定节日天数 – 当月人力系统提交且审批通过的请假天数。

（二）对于"月有效拜访量"，新任职销售岗位可享受 15 个自然日的免考核期，且离职当天不考核。

（三）本办法最终解释权归 ×× 集团所有，自公布之日起实施。

　　该酒店集团的这个考核办法非常明确地规定了员工应该做什么、不能做什么。在这个考核办法下，员工自然能够正确地做事，并取得高绩效。

　　优秀的管理者从不会放任员工的行为，也不会强迫员工按照自己的想法行事，而是会制定一套制度，让他们在正确、合适的框架内行走。让员工在框架内行走，一来可以避免员工犯不必要的错误，二来可以发挥员工的潜能。无论是对于管理者还是对于员工而言，都是一件非常有意义和价值的事情。

04

想清楚："为什么"比"做什么"更重要

任何目标、制度和计划都必须执行才能体现出意义，否则就是"纸上谈兵"。在美团网带团队的几年中，我对此有深刻的感悟。最初我认为管理就是告诉员工任务是什么，要怎么做，以提高员工的执行力。事实上，要提高员工的执行力，告诉他们"为什么"（Why）比"做什么"（What）更重要。

想清楚很重要，做是最简单的。

在实际的管理工作中，不少管理者在面对员工执行力不佳时，常常会抱怨员工能力不行，或者员工不够勤奋。实际上，管理者不应该只将矛头指向员工，更应该反思自己的管理方式。

基于对员工工作的观察和了解，我发现很多时候他们无法完成任务，常常是因为两个原因。

第一个原因是他们根本不知道工作的方法；

第二个原因是他们知道工作的方法，但是他们并不清楚如何运用到实际的工作中。

大多数管理者在安排任务的时候，会直接丢给员工一句"你去完成这个任务""这个客户交给你了，必须完成签约"。员工接收到任务后，根本不知道如何开展。当然，也有管理者在指导员工工作的时候，会非常具体地告诉他们工作的方法，这解决了员工的第一个问题——不知道工作的方法。但是掌握方法并不意味着员工懂得如何将其运用到实际的工作中，于是第二个问题诞生了。而导致第二个问题出现的根本原因是：你只告诉了他们"做什么"，却没告诉他们"为什么"。

所以，无论是安排任务，还是指导员工，管理者不仅要告诉他们"做什么"，更要告诉他们"为什么"。

（1）告诉他们为什么，让他们清楚你的"指令"

管理者的角色其实就是"上传下达"，既要接收上级的"指令"，还要将"指令"转化成下属能理解的语言传达给他们，让他们去执行。但是，不少管理者把自己当成了上级的"传声筒"，会将上级的指令原封不动地传达给下属，但没有告诉他们为什么这么做。如果员工质疑，管理者便会说："这是上级的指令，你们照做就行。"虽然员工会接受指令执行任务，但是因为不理解指令，仍然导致工作中问题频出。

在美团网当大区经理的时候，我也接触过不少其他团队的经理，我们也常在一起聊管理方面的事情。有一位其他区域的大区经理曾跟我聊过关于他团队的一件事。

他所在团队的业绩一直无法提升，为此他非常困扰。为了解决这个问题，他反复跟团队的员工强调："要搞定客户，你们必须要懂得站在客户的立场去考虑。"员工听完他的建议后，会试着站在客户的角度去考虑问题。但是，尽管他们改变了，效果却不明显。为什么会出现这种情况？我们分析之后发现，虽然员工知道了要站在客户的立场考虑，但是他们并不明白为什么要这么做，以及这么做跟搞定客户之间的关系是什么。因此，他们不能采取有效的行动，最终还是难以完成任务。

如果经理告诉他们，要懂得站在客户的立场去考虑，是因为客户是否成交跟其需求有关，而客户的需求跟客户的性格、年龄和爱好等有关。例如，某化妆品店销售员只将利润高的护肤品推荐给客户，这样成交率就不会高。相反，如果根据客户的肤质推荐满足客户需求的护肤品，成交率会提高，利润也会提高。

可见，简单地说一句"要懂得站在客户的立场去考虑"，下属很难明白自己要关注客户的性格、年龄及爱好等信息。当管理者告诉他们为什么，他们便会清楚地理解指令，接收指令，然后改变自己的行为，顺利、高效完成任务。

（2）告诉他们为什么，让他们找到存在感和价值

相比"70 后""80 后"的员工，"90 后""95 后"的员工更重视自己的存在感和价值。也就是说，只有在某件事情中找到存在感和自我价值，他们才会有动力去做这件事。因此，在以"90 后""95 后"为核心成员的销售团队中，管理者在分配任务的时候，要明确告诉下属为什么要做这件事情，做这件事的最终目的是什么，其价值和意义是什么。要让他们知道，完成这件事是他们价值的体现。

我所带领的销售团队曾接到一项任务，是去某个区域跟一家酒店签订合作协议。这家酒店那时尚没有跟其他平台合作，这意味着我们可以捷足先登。我将这项任务交给一名下属去做。为了顺利签约，我语重心长地跟他说："这次要是能达成签约，等于我们又开拓了一个'新大陆'，我们的市场竞争力也会因此变得更强，团队乃至企业的效益也会越来越高，而你将成为迈出这一步的大功臣。这个任务交给你，我相信你可以完成。"这句话清楚地表明了为什么要做这项任务，强调了这项任务的艰巨性，也强调了员工完成这项工作所体现的个人价值。当员工明确这些信息的时候，一定会全力以赴地完成任务。

这远比你告诉他"去，搞定这家酒店"的效果要强很多倍。

（3）告诉他们为什么，让他们快速成长

不少管理者在指导员工的时候，会有所保留。为了提高员工的执行力，他们会交给员工一些工作的方法，但是员工想深入了解"为什么这么做"的时候，他们会说："你知道这些就够了。"他们这么做，无非是考虑到以下两点。

第一点，担心员工掌握太多的工作方法之后离职，给团队乃至企业造成损失；

第二点，担心"教会徒弟，饿死师傅"。

作为管理者，我非常理解大家所担心的这两点。但是，这种思维显然过于局限，很容易限制员工的成长，挫伤员工的积极性，阻碍团队的发展。如果团队经营状况不理想，管理者可能连自身的位置都保不住。因此，管理者要把眼光放得更远一些，要知道员工掌握了更多的技巧和方法，他们的工作效率就会提高，团队的绩效也会不断提升。而且，只有把下属培养起来，管理者才有机会晋升到更高的职位上。

让员工知道"为什么"，即让员工知道这件事的价值、意义和目的，进而可以让员工心中有数，敢于去做这件事，并做好这件事。

所以，在管理工作中，我一直强调："为什么"比"做什么"更重要。当我只告诉我的员工怎么做的时候，他们只会听从我的命令，按部就班地完成任务，他们不会去思考我做这件事的最终目的、价值和意义。最后即便他们能在规定时间内完成任务，也很难有突出的表现。但是当我告诉他们为什么这么做的时候，他们会进一步思考这么做的价值、目的和意义，然后会积极主动地找寻更高效的方法去完成任务。很多时候他们的创造力和想象力都超出了我的预估范围，让我感到非常满意。

现在，我仍然将这种理念贯穿到我的管理工作中。我始终坚信，如果只告诉员工怎么做，他们只能当一名普普通通的员工。而告诉他们为什么，会激发他们的思维，让他们积极行动起来，成为高效员工。而我的管理宗旨是，让我所带领的团队的每一位员工都成为高效、优秀的员工。

05

有效管理从有效决策开始

管理上千人的团队之后，我发现管理者跟员工最大的差别在于做决策。任何工作任务开始前我都要仔细分析这项任务以及外界的环境，然后找寻最合适的方法，让员工去执行任务。所以我认为，有效管理从有效决策开始。

所谓的决策是指管理者识别并解决问题以及利用机会的过程。管理者所做出的决策是否有效会直接影响员工的行为，甚至会影响到团队的生死存亡。

美国决策管理大师赫伯特·西蒙曾说："决策是管理的心脏，管理是由一系列的决策组成的。管理就是决策。"但是在实际的管理工作中，很少有管理者能够积极思考，做出有效的决策。这主要跟管理者繁忙的工作性质有关。刚当上大区经理的时候，我也不太重视做决策这件事，毕竟每天有那么多事情要忙，要见那么多人、说那么多话，有可能我这一秒在跟员工商讨工作任务的相关事宜，下一秒又要思考如何开拓新的市场，哪有时间坐下来深入思考，甚至花几天、十几天做一个决策呢？

管理学大师明茨·伯格在其著作《管理工作的本质》一书中对"管理者"这一身份提出了这样的看法：管理者就好像一个杂耍艺人，在任何时刻都会把许多问题抛向空中，它们会在预定的时间内掉下来，然后在瞬间获得能量，又重回到空中；同时，新的问题已经在边上排队等候了，不时有旧问题被抛弃，新问题被添加上来。在这样繁杂的处境中，管理者要做出有效决策的确不是一件容易的事情。

尽管如此，如果你坐在管理的位置上，却不能做出有效的决策，就意味着你和你的团队都走在错误的方向上。那么，你们越是忙碌，产出的绩效就越低。所以销售管理者必须学会快速思考，做出有效的决策。对于如何才能快速做出有效决策，我想分享以下几点建议。

（1）对需要决策的问题进行分类

不同的问题需要不同的决策，因此，在决策之前，一定要对问题进行分类。

通常情况下，管理工作中遇到的问题都可以划分为以下 4 个类别。

第一类：团队内或者整个行业普遍存在的问题；

第二类：对于团队而言是不常见的问题，但是在该行业却是普遍存在的问题；

第三类：无论是团队、企业还是整个行业都没发生过的特殊问题；

第四类：第一次遇见，但是较为普通的问题。

除了第三类之外，其他三个类别的问题往往都有普遍适用的解决方案。因为它们发生的频率比较高，这些问题大都是别人解决过或者自己也解决过的问题，自然可以凭借以往的经验，快速做出决策。对于第三类的特殊问题，我们就要花更多的时间、精力去认真分析，找到解决问题的有效方法，以便做出有效的决策。

因此，对于管理者而言，在遇到需要做决策的问题时，不要慌张、盲目，首要的事情是弄清问题的本质。只有弄清问题的本质，我们才能理清决策的思路和方向，才能快速、高效地做出决策。

（2）明确决策的环境

决策是在团队中做出的。一旦脱离了团队，再好的决策也是无效的。因此，管理者要做出正确、有效的决策，就要深入了解团队的每一个成员，了解团队运营的现状以及其他相关的问题。只有深入了解这些信息，明确决策的环境，管理者才能做出明智的决策。

（3）最好的决策由离问题最近的、最了解问题的人来制定

要对某一问题做出决策，最好的方式是让离问题最近、最了解问题的人来制定。但是这里的"制定"并非是由这个人说了算，因为正确的决策需要有全面的考虑。管理者可以召集团队成员组织一次决策会议，让离问题最近、最了解问题的人发表自己的看法，然后组织大家自由讨论。如果员工做出的决策合理，那么一定要全力支持。如果员工的决策欠佳，那么可以结合团队中其他成员的看法，进一步优化决策，并确定最终决策。

（4）明确决策是否能解决问题

"如何判断决策是否正确"是很多管理者都想解决的问题。不少管理者在思考这一问题的时候会想"老板会不会觉得这个决策不对""我觉得市场部可能无法接受我的这个决策""员工会不会反对这个决策"……事实上，即便我们做出了让所有人都满意的决策，也并不意味着这个决策是正确的。因为决策

是否正确是从问题本身来看，而不是问题之外的人。

所以，无论要对什么样的问题做出决策，首先要关注的是问题本身，要明确决策是否能够解决这个问题，而不是其他人喜不喜欢这个决策。

（5）让团队员工参与到决策的过程中

决策从团队中来，最终还要到团队中去。

你要清楚知道的是，不管你做出什么样的决策，一定会有人持不同的意见。但如果这个决策是他们自己参与制定的，反对的声音就会少很多。所以，让团队员工参与到决策的过程中，是确保决策有效的重要条件。当然，参与并不意味着所有人都会接受、认同最终的决策，只要确保大多数人能接受最终的决策即可。虽然少部分人不接受最终的决策，但是让他们参与其中，可以让他们充分了解该决策产生的过程，进而为实现该决策做好准备。

（6）让员工行动起来执行决策

决策只有真正执行起来，才能有效解决问题，推动团队的发展。因此，在做出最终的决策之后，一定要引导员工积极行动起来执行决策。

我在工作中曾遇到过这样的事情。某公司的经理为了解决某个问题专门聘请了著名的咨询公司制定决策。决策制定之后，经理又专门组织团队成员召开会议，动员大家积极地执行决策。但是，会议结束后，大家还是各自为政，并没有人行动起来去执行这个决策。结果这个花了大价钱制定出来的决策不仅没有推动公司的发展，反而浪费了公司的资源。

出现员工不愿意执行的情况，虽然和员工没有参与到决策制定的过程中有关，但更多的是和他们没有制定明确的执行计划有关。在最终决策确定之后，就要开始制定明确的执行计划，并将计划转化成可以直接执行的任务和行动，落实到团队的每一个成员身上。在这个过程中，管理者必须明确 5 个问题以及相应的解决措施。

问题	解决措施
1. 哪些人必须清楚、了解这个决策？	跟执行决策相关的人，都必须清楚、了解这个决策。例如，部门经理、主管和员工
2. 该项决策要采取哪些行动？	例如，要召开部门会议，制定执行决策的计划，以及分配任务
3. 需要哪些人采取行动？	不同的任务要安排不同的人去执行。管理者应清楚知道，这项决策要动用哪些员工。例如，完成这项任务需要 5 名销售员和 1 名售后服务
4. 采取何种方式的行动？	管理者不仅要明确哪些人要采取行动，更要明确他们要以何种方式行动。这样才能更精准、高效地完成任务。例如，A 负责写方案，B、C 负责市场销售，D 负责售后服务
5. 采取这些行动需要哪些资源和帮助？	为了让行动更好地开展，管理者应确保员工采取这些行动需要的资源和帮助。例如，需要管理者帮助申请活动经费等

明确这些问题，能够让计划更有条理、更顺利地进行。

（7）有效的决策依据的是决策过程中的不断反馈

决策不是最终结果，决策是否真正能够解决问题，还要看最终的执行结果。在执行决策的过程中，难免会遇到各种问题。这个时候管理者要做的就是，不断收集员工或者市场的反馈信息，不断优化决策，以彻底解决问题。

　　具体来说，就是要积极跟踪决策的执行并实时收集相关数据，然后对这些数据进行分析和判断，以明确该决策是否正确。如果数据表明该决策是错误的，那么管理者应该立即调整决策。如果数据显示的是当前没有什么问题，那管理者依然要继续跟踪记录数据，千万不能掉以轻心。

　　无论是大的决策还是小的决策，管理者都应该认真、谨慎地对待，因为一个错误的小决策很可能会引发一系列的大问题。企业、团队的运营依赖的是正确、有效的决策，因此根据反馈不断对决策做出调整，以使其更加正确、有效，也是管理者必备的技能。

发掘团队里每个人的原动力

刚开始走上管理岗位的时候，我觉得只要不断地帮助团队成员谈单子、冲业绩，就能带领这个团队走得更远。但是当我成为一千多人的销售团队的管理者之后，我有了新的认识。我认为发掘团队每个人的原动力，让每个人都得到真正意义上的发展，让每个人在工作和生活中都开心，才是一个管理者最大的幸福。

要发掘团队每个人的原动力并非一件简单的事情，但是我依然坚持在做这件事。我深知，只有发掘团队每个人的原动力，团队才能得到更好的发展，才能为企业创造更大的利益。因此，在实际的管理工作中，我一直在摸索，以找寻更合适的方式。

（1）员工的原动力源自员工的需求

在带团队的这几年中，我发现一个问题，员工不能完成工作大致存在两种原因。

第一种原因：不能，客观上做不到。

第二种原因：不为，主观上做不到。

如果是出于第一种原因，那么就要为员工提供相关的培训和辅导，以提升员工的能力，客观上帮助他们完成任务。如果是出于第二种原因，很大程度上说明员工的需求没有被满足，进而导致员工没有动力，无法完成任务。因此，要想挖掘员工的原动力，首先要深入了解员工的需求，并尽力满足员工的需求。

美国著名心理学家亚伯拉罕·马斯洛于1943年在其著作《人类激励理论》中提出人类需求层次理论。书中将人类的需求像金字塔一样由低到高分为五种，依次是：生理需求、安全需求、社交需求、尊重需求和自我实现需求。

马斯洛需求层次理论指出，人在每一个时期都有一种需求占主导地位，而其他需求属于从属地位。人的行为是由意识支配的，且具有一定的目的性和创造性。因此，管理者要想激发员工的原动力，就要了解员工处于什么样的人生阶段，有哪些特定或者潜在的需求，进而满足其需求。

在实际的管理过程中，为了深入了解员工的需求，以激发员工的原动力，我常常会采取以下方式。

换位思考。最开始成为管理者的时候，我总是喜欢强调自己的想法，甚至会把自己的想法强加在员工身上。慢慢地，我发现这种管理方式让我难以了解我的员工在想什么，更不知道他们需要什么。因此，我改掉了这个不好的工作习惯，我开始学会换位思考。每当遇到问题的时候，我都会想"如果我是员工，我需要什么"。渐渐地，我开始了解他们，并可以尽量满足他们的需求。这样做之后，我发现员工工作得更加开心，也更加拼命为团队做出贡献。

细心观察员工。不少管理者喜欢把自己的位置摆得很高，除了发号施令外，他们很少会去观察员工。这种情况下，你必然无法了解员工的需求。所以，我建议管理者不要把所有的业余时间花在喝咖啡、玩手机上，要多去员工的办公区走动走动，了解员工的工作情况，发现他们的需求，并尽力满足他们的需求，以激发他们的原动力。

建立沟通渠道。要想了解员工的需求，就要让员工的想法有地方可说，即要建立沟通渠道。例如，可以建立一个专门接收员工意见的邮箱，让员工有意见的时候可以往这个邮箱发邮件，或者定期约员工面谈等。

当我按照以上几种方式去做后，我发现我不仅能够了解员工的需求，满足他们的需求，也离他们更近了一步，加深了彼此之间的关系。员工也因此变得更加积极和有动力。

（2）让员工知道他们是在为自己工作

我在做销售员的时候，常常见到一些对工作非常不积极的人。他们对工作的态度是"差不多"就行，很少会以认真、敬业的态度去做好一件事。他们的口头禅常常是："都是为别人打工，何必那么认真。"

我在带销售团队之后，更是难免会遇到这样的员工。我想，如果他们总是秉持着这种理念工作，团队的业绩将无法指望他们，但我又不可能靠自己去完成整个团队的业绩目标。于是，我开始反思：如何才能让他们改掉"为别人打工"的想法，让他们以认真、敬业的态度对待自己的工作。其实，想明白之后，我发现要解决这个问题并不难。要想改变他们"为别人打工"的想法，就要让他们清楚地知道任何事情都是在为他们自己而做，他们才是自己人生的"Boss"。

很多人会质疑这一点，员工也都心知肚明，你告诉他"这是在为自己工作"，他们根本不会相信，他们坚信自己就是一个打工的。的确，这种传统固执的观念很难改变。但是如果掌握一些技巧，让员工找到"为自己工作"的意义，他们很可能会转变自己的想法。

德国著名政治经济学家和社会学家马克斯·韦伯曾说："人是悬挂在自己编织的意义之网上的动物。"因此，让员工找到"为自己工作"的意义是管理者最大的成功，更是激发员工原动力最佳的方式。

明确告知员工工作本身的意义。很多员工认为自己只是在为别人打工，是因为他们把自己工作的意义定位在赚取相应的工资上。如果他们像乔布斯一样，认为自己工作的意义是"改变世界"，相信不管工资高低他们都会充满激情地去工作。因此，在员工加入团队的时候管理者就要明确告知员工他们做这份工作的意义是什么。例如，我会跟下属说，开发新的酒店，是为了让出去旅游的人可以花更少的钱选择方便、舒适的酒店，让他们可以有一个非常愉快的旅途。这样一来，他们就知道，他们做这件事的意义是在帮助旅途上的人获得更加愉快的体验。

给员工成就感，让他找到自己存在的价值。任何人都希望能够成为更好的自己。如果在工作中一直无法发挥自己的才能，体现自己的价值，员工一定会出现消极怠工的状态。因此，管理者要花一些时间，帮助员工分析完成工作需要的能力和资源，以帮助员工取得成就，让他们找到自己在团队中存在的意义和价值，激发他们的原动力。

不可否认的是，每个人在做事情的时候都需要价值感。这种价值感就像使命一样，会激励人不断地努力完成任务。所以，管理者要发掘员工的原动力，就要懂得创造员工在工作中的价值感。

（3）采取合适的方式激励员工

发掘团队里每个人的原动力，最简单直接的方式就是采取合适的方式激励员工。通常来说，我会采取以下 3 种激励的方式。

第一，奖励式激励。欲望心理学研究表明，每个人都存在一种内在心理动机，叫"荣誉动机"。荣誉动机是指实现某种愿望，给自己带来荣誉、成就的快感。因此，我设定了奖励机制，以满足他们的荣誉感和成就感。例如，我会根据绩效考核成绩奖励排名前三的销售员，给他们发丰厚的奖金以及荣誉勋章，并号召团队的其他员工向他们学习。这样一来不仅被奖励的员工更加积极地工作，其他员工也被带动得更加有动力。

第二，惩罚式激励。惩罚式激励是与奖励式激励相对的。心理学研究表明，人对耻辱会选择逃避。如果某件事让他们感觉颜面扫地的话，他们一定会极力避免这件事情的发生。因此，我的团队不仅采取奖励式激励，同样也采取惩罚式激励。例如，每个月业绩不达标的销售员要打扫办公室。为了不打扫办公室，他们会非常积极地完成任务，并且工作效率会越来越高。但是，要注意的是，不要为了惩罚而惩罚，尤其不要随便就罚钱。你要明白，惩罚的目的是为了激励员工更加努力地工作，不是打消他们的积极性，让他们想离开。

第三，横向比较式激励。横向比较式激励是指让员工之间进行比较和竞争，让他们有紧迫感。例如，我经常会将员工分为若干个小组，给他们安排相同的任务，任务完成效率高的小组可以获得团队荣誉勋章，并且该小组的每个人都能获得奖励。这样一来整个团队就活跃起来了，大家的动力也都被激发了。但是我们提倡的是良性竞争，不是鼓励员工明争暗斗。因此，采取横向比较式激励方法的时候，一定要把握尺度。

对于一个团队来说，团队中每个人的原动力，就是团队发展的原动力。所以，管理者只有深入发掘并极大地激发、引爆员工的原动力，让员工找到自己的动力来源，团队才能得到更好的发展。

07

让每个人做适合自己的事

如何才能激发员工的潜能，让他们自动自发地完成任务？这是我成为管理者以来一直致力于解决的问题。经过这些年的深入研究，我发现，要想把团队的每个人的潜能都发挥得淋漓尽致，关键在于发现他们的优劣势，让他们每个人做适合自己的事情。

《孙子兵法》云："故善战者，求之于势，不责于人，故能择人而任势。"这句话的意思是，优秀的将帅善于捕捉时机，选择合适的人才，去创造有利的态势。这其实就是管理之道。从本质上来说，管理工作其实就是让每个人做适合自己的事情。

但是在实际的管理工作中，让团队中的每个人去做适合自己的事情并不是一件容易的事。这主要是因为很多管理者在选拔人才的时候，只注重人才的能力。在他们看来，只要人才足够优秀，任何岗位他们都可以胜任。殊不知，如果能力跟岗位不匹配，再优秀的人才，也无法发挥出其潜能。

所以说，让员工做不合适的工作是一个致命的错误。马云曾说过，阿里巴巴在发展过程中犯过许多错误，其中就有请来"能人"，却无法给他安排合适的职务的错误。我在阿里巴巴工作的那几年，有不少来自世界 500 强企业的人才加入阿里巴巴，他们的能力是有目共睹的，但是很遗憾的是，他们并没有给阿里巴巴带来预期的效果。面对这种现象，马云感叹说："这就好比把飞机的引擎装在拖拉机上，最终还是飞不起来一样。我们在初期确实犯了这样的错误。那些职业管理者管理水平都很高，但是的确不适合。"

在美国乃至整个西方被称为"商界教皇"的汤姆·彼得斯对"合适的人才"这一观点也发表了类似的看法。汤姆·彼得斯曾说："雇佣合适的员工是任何公司所能做的最重要的决定。管理工作就是你要让合适的人去做合适的事情。然而如果你雇佣了一些不合适的人，你就别指望他们能把该做的事情做好。"

事实也表明，不合适的人，很难发挥潜能，把该做的事情做好。

有一家大型的化学公司，为了提升业绩，花重金聘请了一位化学教授，帮助他们研发重要产品。但是，效果并不理想。几年过去了，这位教授并没有研发出满足客户需求的产品。老板最后不得不承认，引进这位教授是他做过最错误的一件事。原来，这位教授之前一直在某高校的实验室做研究，他从来没有体验过市场压力，也不清楚客户需求。因此，他进入企业之后，必然会"水土不服"。

现在不少企业都会采取这家化学公司的做法，为了引进人才不惜花费重金。然而，在人才引进后却发现岗位已经满员，或者该岗位根本不需要学历这么高的人才。最后这些人才只能被"束之高阁"。虽然他们拿着丰厚的薪酬，但是他们的潜能难以得到发挥，最后对于个人和团队而言，无疑是"两败俱伤"。

如果引进高端人才却没有合适的职位给他们，让他们发挥出潜能，对团队而言是一种资源的浪费，对人才而言也是一种时间和精力上的浪费。为了避免以上这种情况发生，管理者要"慧眼识珠"，在识别或选择人才的时候，就要明确能力不是评判员工是否适合的唯一标准。能力强不代表执行力强，也不代表生产力强。如果能力很强，但是无法转化成执行力和生产力，那对于企业来说也是没有价值的。所以，在选拔人才的时候，不光要看能力，更要看对方是否能将能力转化成执行力和生产力。这样的人才，才是你所需要的人才，你才能将他放在合适的位置上，激发他的潜能，为企业创造更多的价值。

事实上，有不少企业家因为懂得将合适的人放在合适的位置上，而打造了一个高绩效的团队。美国第一代钢铁大王安德鲁·卡耐基就是最好的例子。

美国第一代钢铁大王卡耐基之所以能够取得成功，很大一部分原因归功于他善于识人和用人，即懂得将合适的人放在合适的位置上，让每个人做适合自己的事情。卡耐基曾说："我不懂得钢铁，但我懂得制造钢铁的人的特性和思想。我知道怎样去为一项工作选择合适的人才。"正是因为在管理工作中始终秉持这一观念，卡耐基从一个不懂冶金技术的门外汉成为钢铁行业的成功的企业家。

因此，管理者必须找到正确的方式，把每个人放在合适的位置上，以激发他们的潜能，为团队创造价值。

（1）了解每个岗位的工作内容和职责

要让每个人做适合自己的事情，前提是管理者要了解每个岗位的工作内容和职责，为岗位匹配合适的人才。了解每个岗位的工作内容和职责有两种方式：一种是阅读并熟记岗位说明书的内容；另一种是多到岗位走动，了解具体的实际工作内容。

了解岗位说明书。岗位说明书是对企业岗位的任职条件、岗位目的、指挥关系、沟通关系、职责范围、负责程度和考核评价内容给予的定义性说明。通过岗位说明书你可以了解到，该岗位需要什么类型的人才，有哪些要求，了解这些有利于选拔出合适的人才。但同时，岗位说明书也存在教条、脱离实际的情况，所以只能作为参考。

多到岗位走动。了解岗位真实的工作内容是什么，多去岗位走动，是最好的办法。必要情况下，管理者甚至可以花 1~3 天的时间亲自到该岗位体验一下。这样了解到的情况才是最真实的，在为岗位匹配人才的时候才能更精准。

（2）了解每个员工的能力，做到"人岗适配"

在了解岗位的工作内容和职责后，我们要做的就是将合适的人放在合适的位置上，让每个人做适合自己的事情。要做到这一点，就要求管理者深入了解员工，明确他们的优势和劣势，扬长避短，把每个人的潜能发挥到极致。

了解员工的优势和劣势可以从两个方面着手。一是选拔人才的时候，通过简历以及面试获取的信息，了解员工的优势和劣势；二是在实际工作中，通过观察发现员工的优势和劣势。

选拔人才的时候，管理者可以从员工的简历直观地看出员工的优势和劣势。但是有时候简历也存在"虚假"信息，因此管理者切不可完全凭借简历的信息去判断员工是否适合某个岗位。除了简历外，在选拔人才的时候管理者可以就岗位内容、职责等对求职者进行提问，以判断其是否具备胜任该岗位的能力。

当然，员工的优势和劣势最直接的体现还是在工作中。因此，要知道一个员工是否适合他的岗位，管理者就要注意观察员工在该岗位的工作表现，以了解员工在哪些方面有优势，哪些方面存在不足之处。然后根据员工的优势和劣势进行岗位调整，帮他们找到适合自己做的事情。

让每个人做合适的事情，其实就相当于企业在生产产品的时候，要将原料放在合适的地方，否则就无法制成预期的产品。对于团队而言，要想得到更好的发展，必须遵循人才管理的最基本原则——人岗适配。"小材大用"和"大材小用"都不是理想的用人准则，唯有"人才适用"，才能发挥员工的潜能，实现个人和团队的共同发展。

管理团队的这些年，我一直致力于了解员工，让员工能够找到适合自己的位置，做适合自己的事情。慢慢地我发现，当他们在合适的岗位上取得成就时，他们会更有动力，会自发地完成任务，甚至能够创造更多的奇迹。

09

严格遵守"二禁""三心"

　　自我管理是一个团队管理者必备的能力之一。如果你做不好自我管理，就一定做不好团队管理。参考我这么多年的管理经验，我觉得，作为一个销售团队的管理者，一定要严格遵守"二禁""三心"。

（1）二禁

　　销售团队的管理者一般都是企业的中层管理人员，在企业中处于"承上启下"的位置。因此，管理者在各个层级中的协调能力以及管理者个人的素养，将会对其职业发展产生重要的影响。其中，有两件事是销售管理者绝对不能做的，这也正是我所说的"二禁"：严禁在下属和同事面前吐槽公司和上级；表扬、激励下属时，严禁过度承诺。

　　吐槽、抱怨公司或上级，会造成公司管理上的不稳定。因此，作为管理者，为了维护团队和公司的稳定运营，首要一点就是不要在下属面前谈论你的上级或同事的是非。

为什么这么说？因为你的同级或者直属下级大多数都是你的上级面试、选拔的，可以说上级中意的人遍布你的周围。很可能你不经意说出的一句话被别人听到了，他们就会觉得你是在谈论上级的是非。如果传到上级那里，必定会对你的工作乃至未来的发展造成不好的影响。

之所以不能吐槽同事，是因为我们每天都要跟同事打交道，说同事的是非就是影响自己的民意基础。这种行为也一定会被上级否定。

因此，作为管理者时刻都要谨言慎行，不抱怨，不吐槽，不说是非。你永远不知道，听你倾诉的人会不会转过头就跟别人添油加醋地把你给"供"出来。所以，请永远记住一句话：对事不对人，不要给别人留下把柄。

此外，管理者要清楚地知道，吐槽、指责、抱怨上级、同事或公司，并不会给你的工作带来任何的好处，反而暴露了你的幼稚和无能。与其这样，倒不如将背后的抱怨、吐槽换成在背后赞美公司、领导和同事。无论你是否真心，至少这句话传到领导和同事那里也会让他们欣喜。

事实上，喜欢吐槽、散播负能量的人都是过得不好、无法专注做好一件事的人。这样的人无论做怎样的事、无论身居何位，都是一个失败者。因为成功的人都忙着做自己喜欢的事情，只有失败的人才有闲情和时间去吐槽别人。

任何指责和抱怨都是无能的表现。只有在工作中充分挖掘自身的潜能，发挥自己的才干，才能在公司的发展中实现人生的价值。

"二禁"的另一个"禁止"是指在表扬、激励下属时严禁过度承诺。

19 世纪法国伟大的军事家拿破仑曾说："我从不轻易承诺，因为承诺会变成不可自拔的错误。"不少管理者在管理工作中，将"承诺"当成一句话的事。于是，他们常常用承诺激励员工。最后，他们发现这些承诺不但没有激励员工，反而让员工心生厌恶。根源就在于，他们的承诺往往太大太空，无法兑现。

所以，管理者最好不要轻易承诺，更不能过度承诺。如果不得不做出承诺去激励员工，一定要把握承诺的方式。

第一，承诺一定要明确，不能模棱两可。

我曾读过这样一个故事。

　　有一位老人正坐在路口的树荫下纳凉。这时，突然有一位年轻人跑到他面前，向他求救说："有人误以为我是小偷，现在正在追赶我，说要剁掉我的双手。"说完，他便立即爬到老人身后的大树上，并叮嘱老人千万不要告诉追赶他的人他躲在树上。老人看年轻人不像小偷，于是说："让我想一想。"

　　在年轻人看来，老人的"让我想一想"其实就是答应他了，于是非常安心地躲在树上。不一会儿，追赶的人果然到了，问老人："你有没有看见一个年轻人从这走过去？"老人曾发过誓，这辈子都不讲假话，于是坦诚地说："见过。"追赶的人继续问："那你知道他去哪了吗？"老人用手指了指树上。年轻人不得不从树上跳下来，并怨怨不平地指责老人："你违背了自己的承诺。"

　　这虽然是一个小故事，但是折射出的道理却非常深刻。很多管理者常常会有故事中那个老人的行为，在遇到员工提出要求，或者想激励员工的时候会给出一些模棱两可的承诺，例如"到时候再说""我想一想""先这么说，到时候看情况"等。通常情况下，员工会将管理者的这种说法当成承诺。当员工要求管理者兑现而管理者却难以兑现时，员工便会产生抵触心理，觉得领导没有诚信，进而影响上下级之间的关系。

　　因此，在必须做出承诺的时候，一定要给出明确的承诺，不能模棱两可。例如，"你完成这个项目可以拿到项目 15% 的奖金提成"。

　　第二，如果承诺无法兑现，一定要及时道歉并想办法弥补。

　　工作中难免出现一些意外情况，导致承诺无法兑现。例如，项目亏损，无法按照之前的承诺给员工发奖金。那么这个时候，管理者要及时向员工表示歉意，并详细说明这件事的原因。此外，还要想小法弥补员工的损失。在这种情况下，即便承诺没有及时兑现，也能让员工感受到你的诚意，进而会更加信任你，更愿意为团队付出。

　　严禁过度承诺，并非不让管理者做出承诺。这句话要表达的核心是，不要轻易做出承诺；如果做出了承诺，请务必守诺。

（2）三心

在去哪儿网工作的时候我就提倡要打造员工"三心"的工作理念：省心、放心和开心。

省心——布置工作不用说第二遍。很多管理者在布置任务的时候，要说四五遍员工才能理解任务。这样不但会影响管理者的工作，还会影响员工接下来的工作执行。因此，布置工作不用说第二遍，让管理者省心，也让员工省心，是非常重要的工作理念。要做到这一点，一方面管理者自身在布置任务的时候，要明确、清晰地传达任务，同时要确保员工理解你布置的任务；另一方面也要跟员工强调"我布置工作不会说第二遍，所以一定要认真听，有不理解的地方请及时提出"，以此强化员工的专注力和理解力。

放心——主动汇报工作。员工积极主动地汇报工作不仅能让你掌握员工工作的大致情况，让你放心，也可以帮助员工及时解决问题，提升工作效率。因此，要建立让员工定期汇报工作的工作制度。

开心——主动分享，帮助同事。团队工作与个人工作最大的不同在于团队是互相协作的。因此，管理者一定要强调团队意识，让员工互相帮助、主动分享，让他们感受到团队工作的乐趣。只有这样，大家才能够凝聚在一起，创造更高的效益。

正是因为遵循了"二禁""三心"这些规矩，我的管理工作才能更加顺畅，自己和团队才能更快地成长。

09

二审终审制：让每个人都大声说话

我曾经以为能够大声说话的只有领导，员工只需听命令以及服从命令。但是当我自己开始带团队后，我的观念发生了改变。我认为应该让团队的每个人都大声说话。因此，在管理团队的时候，我始终遵循的管理原则是"二审终审制"，让每个人都可以大胆地说话，大声说话。

所谓的"二审终审制"是指初步决定后还有一次二审，大家可以拍桌子决定意见。一旦二审决定之后，团队就要统一目标，尽力做到完美执行。

事实上，偶尔出现决策判断错误，对企业的影响并不大。最可怕的是高管不知道是决策错误还是执行不力。决策错误还可以及时调整方向，但是如果员工有不同意见、不愿意执行决策，那么决策再好目标也难以实现。因此，二审终审制对提升团队的执行力至关重要。

在带团队的那几年中，每次遇到要做决策的事情，我都希望团队里的每个人都能够表达自己的观点，至于观点是否正确都没有关系。那个时候，我每周都能收到 5 封左右的邮件，有的是投诉的，有的是给公司提建议的。刚开始的时候，收到的投诉邮件比较多；慢慢地，给公司提建议的邮件越来越多，大约占整体数量的 80%。这一转变让我感到非常高兴，因为他们能够提出建议，说明他们希望公司朝更好的方向发展。因此，我也会采纳一些合理的建议。

无论是投诉还是提建议，其实都是在帮助团队解决问题。优秀的管理者都是懂得鼓励员工大声说话的人。因此，管理者在讨论事情的时候，要允许员工有不同的意见，要鼓励员工表达自己的不同想法。

美国的世界级连锁企业沃尔玛的创始人山姆·沃尔顿在创业之初就为公司制定了三条座右铭，其中一条是：尊重每一个员工。在实际的管理工作中，沃尔顿非常乐意跟员工在一起，谈论一些问题或者发表一些演讲。沃尔玛一直推行"开放式"的管理哲学，鼓励员工提出问题、发表自己的观点。此外，沃尔玛还提出"门户开放"的口号，给每位员工发表意见的权力。每位员工都可以走进管理者的办公室，发表任何意见。

沃尔玛之所以能取得成功，很大程度上归功于他们对员工想法的重视。同样，作为管理者的我们，也要懂得鼓励员工大声说话。

当然，鼓励员工大声说话要遵循正确的方法和渠道。管理学中有一个概念叫"HRBP"，其全称是 HR Business Partner，是"人力资源合作伙伴"的意思，实际上就是指企业派驻到各个业务或事业部的人力资源管理者，其主要任务是协助各业务单元高层及经理做好员工发展、人才发掘和能力培养等方面的工作。这种合作伙伴如果转换到军队中，就相当于"政委"。在阿里铁军，就一直在执行"政委制"，目的是帮助一线员工解决各种各样的问题。换句话说，就是让管理者参与到员工的工作中，聆听员工的心声，帮助员工解决问题。我们团队提出的"让员工都大声说话"的本质和政委制其实是一致的，都是为了让员工能够随时表达自己的心声，让他们找到归属感。

但是，让每个人都大声说话，并不是允许员工胡乱说话。让员工大声说话，要注意以下两点。

（1）无论说什么都必须基于事实，诚实地表达自己的意见

营造一个轻松的沟通氛围，让员工诚实地表达自己。如果你在鼓励员工表

达想法的时候，非常严肃地说"那我倒是要听听你的意见""你不同意，行，那你来说"，这种方式看似在征求员工的意见，其实是"蛮横无理"的表现。最后，员工很可能为了应付你而随便说几句，或者直接对你表示认同。这种不诚实的表达，无法让你了解员工真正的想法，进而难以促进决策的有效执行。

（2）不可在公开场合诋毁你的管理者或其他同事

你可以大声说话，但公司不允许你在公开场合诋毁你的管理者或其他同事。不允许说这种话有两个原因：

一是没有人知道你说的是真是假；即使你所说的是真实发生的事情，也不需要你到处传播别人的是非，否则只会影响团队的和谐。

二是如果这件事是假的，那么你这样说就是"造谣"。即使是法律也认为，在被法院判定之前，就算证据确凿，当事人也只能被认为是犯罪嫌疑人。

因此，如果遇到同事或者管理者犯了错误，最好的解决方式不是公开诋毁，而是交给你的管理者或者管理者的管理者处理，或者给开放的"意见邮箱"写邮件。当负责人收到邮件后，会处理你的意见。采取以上方式，既可以保证对投诉人的公平，也可以保证对被投诉人的公平。

在管理工作中，但凡遇到要做决策的事情，我都会第一时间召集团队员工一起讨论，鼓励他们大声说话。毕竟只有他们自己参与做出的决策，他们才会带着认同感去执行。

1O

让自己的风格影响一批人

我认为，管理者最重要的工作不是做报表、盯团队，而是给下属做榜样，让自己的风格影响一批人。管理者是否能给员工树立正确的榜样，决定了团队管理的成败。

有一天的凌晨 3 点，我接到客户的投诉电话。客户在电话里抱怨我们的产品存在质量问题，并对此感到非常恼火。我赶忙向客户道歉，并承诺这天早上一定给他一个满意的答复。挂上电话后，我打开电脑，仔细分析了产品存在的问题，并制定了两套解决方案。我当时的想法是，如果对方对其中一套方案不满意，至少还有另一套方案可以补救。

到了早上，我比往常早一个小时到公司，并通知团队的员工提前 15 分钟到办公室，召开紧急会议。我把凌晨客户投诉的情况大致说了一下，并将我的两套解决方案拿给大家看，想知道他们是不是有更好的解决办法。大家讨论一番后，最后统一决定采取我的第一套方案。值得高兴的是，客户也非常认可第一套方案。

此前，团队中有很多员工在半夜接到客户的电话时，都会找各种理由搪塞过去，等到第二天甚至第三天才处理问题。但是自从这次紧急会议后，他们都学会了把客户的问题放在第一位，会尽力在第一时间帮助客户解决问题。那一刻，作为管理者我感到非常自豪。

无论在什么样的企业、什么样的团队，管理者都像员工的一面镜子。要了解一个团队的工作水准，其实只要看管理者的处事方式和态度即可。有句话叫"表不正，不可求直影"，说的正是这个道理。因此，要改进员工的行为，首先要学会优化自己的行为。

（1）改变自己的行为，用正确的行为影响下属

网上曾流行这样一句话：我们永远无法改变别人，我们只能通过改变自己去影响他人。我非常认同这句话。但是在实际的管理工作中，总是有一些管理者强迫员工做出改变，最后不但没有改变员工，反而让员工因为无法接受改变而离开了团队。

我之前做销售的时候，认识一家酒店的经理。这家酒店的规模不是很大，前台每天安排两名员工接待客人。但是经理跟我抱怨说："前台上早班的两名员工特别懒散，我早就想换掉他们。但是招聘又是一件难事，一时半会儿也招不来合适的人。"于是我便询问具体是什么事情导致他要辞退这两名员工。经理说："他们几乎每天都迟到，换班的时候其他的员工会产生不满。迟到罚钱的制度，对他们一点约束力都没有。"我问他："那你平时几点到酒店？"经理说："我一般十点左右到酒店，有时候会更晚一点。"听他这么说后，我大概知道了其中的原因。于是我建议他："以后，你提前一点到酒店。这样的话，他们就不好意思比你晚了。"一个月之后，经理给我打电话说："这一个月来我每天早上八点半准时到酒店，他们果然没有再迟到了！"

事实表明，领导的行为很容易被员工模仿。员工之所以喜欢模仿管理者的行为，是因为管理者身上有"权威效应"。

美国心理学家曾做过一个实验。某大学心理学系的学生上课时，老师向他们介绍了一位从外交部聘请的德语老师，并对他们说这位德语老师是从德国来

的一名著名化学家。

实验中，这位德国"化学家"拿出了一个装有蒸馏水的瓶子，向同学们介绍说这是他发明的一种化学物质，有些气味，并要求同学们闻一下，如果闻到气味就举手。结果，大多数同学都举起了手。实际上，这瓶蒸馏水是无味的。那为什么大多数学生都举了手呢？

这其实就是一种普遍的社会现象——权威效应。所谓的权威效应是指说话的人如果比自己地位高、受人敬重、有权威，那么他所表达的内容很容易引起人们的重视，人们会相信他说的就是真的，并效仿他的行为。

同样的道理，管理者的身份对员工来说就是一种"权威"，管理者的一言一行对员工来说就是一种隐形的"制度"，他们会相信并效仿管理者的行为。

哈佛大学心理学系教授戴维·麦克雷兰德说过："管理就是一场影响游戏，真正优秀的主管不仅考虑到员工个人的需求，更重要的是影响员工的想法和行为。"所以说，要对员工产生积极的影响，就要从改变自己开始。

（2）以身作则，要求员工做到之前自己必须先做到

华人首富李嘉诚曾经说过："企业领导人的一言一行、一举一动，无不被员工看在眼里，对员工的行为施加影响。领导要求员工做到的，领导必须首先做到。领导禁止员工去做的，领导也必须首先禁止自己去做。" 在实际的管理工作中不难发现，做事比较拖沓的管理者，手下的员工做事也不利落；做事雷厉风行的管理者，手下的员工也会比较能干。这就是管理者的行为对员工的影响。

IBM公司的老板汤姆斯·沃森有一次带客户参观厂房。当他们走到厂门口的时候，门卫拦住他们说："对不起先生，你们不能进去。我们IBM的厂区识别牌是蓝色的，行政大楼工作人员的识别牌是粉红色的，你们佩戴的粉红色识

别牌是不能进厂区的。"看到门卫如此不识大局，老板身边的助理非常生气地说："你知不知道这是我们公司的大老板，我们现在正带着重要的客户参观厂房。"

门卫并没有因为助理的说法而打开门，反而坚持自己的说法："不好意思，这是公司的规定，我是公司的员工，我必须依照这个规定办事。"这个时候大家都不知道该怎么办，很多人认为这个人把事情搞砸了，很可能会被辞退。而老板汤姆斯·沃森却笑着说："你说的非常对，我们应该佩戴蓝色的识别牌才能进厂区。"然后，他让大家赶紧把识别牌换了。这件事情后，厂区识别牌的制度再也没有人打破了，因为大家深知，连老板都必须戴正确的识别牌才能进去，更何况是他们。

对于员工而言，最好的管理方式无疑是"老板能做到，我们也要做到"。无论是遵守制度还是处理事情，管理者都要站出来当好"带头人"，给员工树立正确的榜样。唯有让员工明确什么是正确的事情，员工才能做正确的事情，团队才能得到更好的发展。

（3）不要只会发号"施令"，要懂得承担责任

作为管理者不仅要为自己负责，更要为员工、为整个团队负责。

不少管理者将管理者角色定义为向下属传达指令，指挥下属完成任务。至于下属能不能完成任务，他们并不在意。如果下属不能完成，他们便会指责下属能力不够。这种管理方式无疑是最不负责任的方式。

具备责任心的管理者，在安排任务时不仅会明确告知员工具体的任务是什么，还会将任务分解成员工可以完成的小任务，并且会给员工一些指导意见。当员工执行任务的时候，他们也会实时跟踪，以便给员工提供及时的帮助。此外，如果团队遇到问题，他们都会站出来承担责任，而不是推卸责任说："这

都是员工做的，我只是安排任务给他们而已。"

敢于承担责任的管理者，更容易获得员工的信赖和拥护，更能给员工带来积极的影响。你会发现，如果你敢于承担责任，你团队里的员工在遇到事情的时候也不会退缩，会更勇敢地站出来。这样的团队，才是一个积极向上的团队，才能创造更高的业绩。

我一直在努力寻找更好的管理方式。我发现，最好的管理方式其实就是先管理好自己，给员工树立正确的榜样。这样至少能确保方向是对的，而方向对了，一切事情都会变得简单。

第 5 章

必胜:

真正的战斗是团队一起拼搏

勇敢和必胜的信念常使战斗得以胜利结束。

——恩格斯

01

追梦：个人梦想汇聚成团队梦想

2014 年 1 月 7 日，我加入去哪儿网，出任刚刚成立的目的地服务事业部总经理。

做销售员的时候，驱动我不断努力、前进的是我的梦想，我一定要成为一名优秀的销售员，要有所成就。我带着这股干劲一直往前冲。做了销售主管之后，带领着不到 10 个人的销售小团队，我依然坚守着这个梦想，勤奋地做陪访和复盘，希望用我的努力和付出换来团队的业绩。但是，当我成为事业部总经理、带领着上千人的销售团队时，我发现只有我一个人有梦想是远远不够的。我不能再像管理小团队时那样事事亲为，而是要用我的梦想直接感染、带动每一个人。如何才能点燃上千人的梦想？如何才能把上千人的梦想变成团队的梦想？这些是我成为上千人的销售团队的管理者之后开始思考的问题。

为了实现自己的梦想，并将这一梦想汇聚成团队的梦想，我在进入去哪儿网的第一天，就把自己的"必胜"这一理念和梦想传递给团队。

我刚到去哪儿网上班的第一天就赶上公司的年会。当时作为目的地服务事业部总经理的我，被邀请上台发言。我上台后，大家看到我并不是很热情，甚至流露出一些质疑之意。但是我并没有在意这些，毕竟我对于他们而言是一个陌生的面孔，他们的态度并没有什么不妥之处。

我没有一上台就开始介绍自己、发表自己的想法，而是直接高喊"必胜"。

我喊了大约 3 分钟，已经感到喉咙发痒。这时候让我倍感意外的是，台下很多人竟然也举起手跟着我一起大声喊"必胜"。喊完之后，现场有不少销售精英都主动要求加入我的销售团队。

当他们都主动加入我的销售团队时，我感受到"必胜"已经成功地成为大家的共同梦想。也正是在这个梦想的驱动下，我们取得了意想不到的成绩。我的团队在 2015 年 9 月的时候，签了约 10 万家酒店，我也因此成为去哪儿网的集团执行副总裁。到 2015 年 10 月的时候，我们团队签约的酒店已经超过 28 万家，这个数字相当于我们一年完成了对手 10 年的工作。我的团队也因此不断地壮大，人数上升到了 3000 人，占去哪儿网总员工数的 1/3。这些数据表明，我不仅成功地将个人梦想汇聚成了团队梦想，而且还成功地实现了团队的梦想。

要将"个人梦想"汇聚成"团队梦想"，不是把你的梦想强加到员工身上，而是要做到让自己的方向、团队的方向与公司的方向保持一致。

（1）把公司的方向变成你的方向：保证与老板的理解是一致的，达成共识

《孙子兵法·谋攻》中有一句话："上下同欲者胜。"在一个军队中，只有士兵都和将军的目标一致，才能取得胜利。同样，在一个公司里，"将军"就是老板，只有公司中的每个人都和老板的目标、公司的方向一致，才能促进公司的发展，同时获得自身的提升。

只有把公司的方向变成管理者的方向，保证与老板的理解一致，达成共识，才能让管理者产生强大的行动力去实现自己的梦想。

要保证与老板的理解一致，达成共识，管理者要做到三点。

第一，明确界定问题；

第二，明确要完成的目标与大势之间的关系；

第三，向上沟通，至少沟通半个小时，确保你已经清楚地知道为什么这么做、要做到什么程度以及需要哪些资源。

明确以上三点，可以帮助你更好地理解老板的想法，进而与老板达成共识。当自己的方向跟公司的方向保持一致时，你才能带领团队的人朝着正确的方向走，才能创造更高的效益，实现公司的经营目标。

（2）把你的方向变成员工的目标：将目标分解成可操作的小目标

稻盛和夫曾说："企业经营要统一方向，形成合力。"把你的方向变成员工的目标其实就是在形成合力。这就好比一支足球队，大家的目标都是将球踢进对方的球门并守住自家的球门，为此大家便会互相努力配合。所以，作为管理者，要将个人的梦想汇聚成团队的梦想，将自己的方向变成员工的目标。

为了将自己的方向变成员工的目标以形成合力，就要彻底做好员工的思想工作，并清楚地传递自己的想法，让员工明确工作的方向。

此外，还要对目标进行分解，将其分解成可操作的小任务，让员工去执行。

我曾认识一位销售经理，他在分解目标的时候是这么做的。

老板交给他的任务是一个月内完成 3000 万元的销售额。他手下有 6 名销售员，分别负责 6 个区域的销售工作。他将 3000 万元的销售额平均划分，每个销售员要完成的销售额是 500 万元。他就按照这种均等分配的方式将任务分配下去了。但是，其中有两个区域的销售员因为个人能力较弱且区域市场环境不太好，平常每个月只能完成 200 万元左右的销售额。对于他们来说，根本不可能一个月完成 500 万元的销售额。还有两个区域的销售员能力很强，而且区域市场环境也比较好，平常每个月都能轻松完成 500 万元左右的销售额，因此，当他们接到 500 万元的任务时觉得太轻松了，不需要费多大力气就能完成；而他们也没有考虑团队的目标是多少，是否能够完成。到了月底，团队的销售额只有 2500 万元，离既定目标 3000 万元差了 500 万元。销售经理思来想去，都不知道问题到底出在哪里。

在这位销售经理看来，他已经将目标分解了，而且是均等划分的，非常合理。按道理说，他们每个人都应该为了完成目标而更努力地工作。这位销售经理没有想到的是，员工的能力不同，每个区域的客户数量以及市场行情不同，这些都是影响员工是否能达到目标的关键。

正确的目标分解方法要遵循以下几点。

第一，向下属明确说明团队的目标。例如，团队的目标销售额是 3000 万元，那么销售经理在开会的时候就要解释为什么要下达 3000 万元的销售任务。

第二，与下属一起讨论如何实现这个目标。不要在制定目标后就直接分解目标，而是要听听下属的意见。例如，实际情况是，在北城区最多能实现 200 万元的销售额，而在南城区可以冲刺 1000 万元的销售额。这个信息对分解目标非常有帮助。

第三，对目标进行分解，并达成一致意见。根据大家的意见，结合员工的个人能力和市场行情，对目标进行分解，并达成共识。

分解目标的时候还要注意的一个原则是：目标要分到不可再分为止，且目标一定是可操作的。例如，北城区的业务员要完成 200 万元的目标，就要成交 20 个客户，每个客户的销售额在 10 万元。而要成交 20 个客户，按照其平均成交率为 10% 来算的话，他当月至少要拜访 200 个客户，这也就意味着他每个工作日至少要拜访 10 个客户。

目标越具体，操作起来就越容易，也更利于实现目标。

（3）学会传递你的梦想

稻盛和夫曾在其著作《京瓷哲学：人生与经营的原点》中提到："在我看来，为了能够转变员工的思想，让他们理解我的理念，花一个小时也好、两个小时也好，我都在所不惜。"稻盛和夫之所以如此重视自己的想法是否能被员工理解，是因为这关系到员工是否能够有效地执行任务。员工理解他的想法，也就意味着他们会把管理者的方向当成他们的目标。相反，如果他们不理解管理者的想法，那么大家的方向就不一致，最终结果也将不是管理者想要的。

让员工理解你的想法，实际上就是在传递梦想。梦想只有传递给员工，才能汇聚成团队的梦想。但是传递梦想不是简单地告诉员工你的梦想是什么，而要掌握一定的技巧。

首先，要明确传递梦想的两种境界。

境界一：打动自己，才能打动别人。也就是说首先自己必须坚定这个梦想。只有你坚信，团队才能坚信。

境界二：传递梦想是一种责任，坚定别人的过程就是在坚定自己。

其次，要明确传递梦想的内容以及方法。

梦想的内容必须体现3点：对客户的意义；对团队未来发展的意义；对员工的意义。只有将这些意义赋予到梦想中，员工才会更有动力。

除了明确传递梦想的内容外，还要掌握梦想传递的方法。一般来说，传递梦想可以采取以下几种方式：

第一种方式：带领员工畅想成功的美好；

第二种方式：树立典型，例如经常表彰在某些方面做得比较好的员工；

第三种方式：借力借势，例如让老板帮助你传递梦想；

第四种方式：让员工亲身体验，即让员工参与制定团队目标。

除了以上几点，传递梦想的时候还要注意"因人而异"，即要对不同的员工采取不同的传递方式，这样才能让每个员工都甘愿接受你传递的梦想。

　　当我还是一名员工的时候，我只要坚定自己的梦想一个人往前走就行。那个时候我走得很快。当我成为一名管理者，我开始把个人梦想灌注到团队梦想中。我们一群人一起朝前走，虽然没有之前走得快，但是我们走得更远。这正是我所期待的未来。

02

假想敌：制定 KPI，让目标具象化

KPI（Key Performance Indicator）即"关键绩效指标"，是对组织内部某一流程的输入端、输出端的关键参数进行设置、取样、计算和分析，衡量流程绩效的一种目标式量化管理指标，它是把企业的战略目标分解为可运作的远景目标的工具，是企业绩效管理的基础，也是企业绩效考核的方法之一。其特点是考核指标围绕关键成果领域进行选取。

在我的印象中，KPI 就是一个个考核标准、一个个数字。当我成为管理者，真正开始坐下来主导 KPI 的设计时，我才真正理解 KPI 的概念和意义。

制定明确的团队 KPI 可以使团队管理者明确责任，并且能够在此基础上明确团队员工的绩效考核指标。

那么如何制定团队 KPI？制定团队 KPI 要遵循以下几个原则。

（1）KPI 不等于目标

通常情况下，制定 KPI 要从企业的战略目标出发，落实到过程，再回归到公司的战略结果。因此，要制定团队 KPI 就要学会对企业的整体战略目标进行

拆解。只有将战略目标拆解成可以执行且能够发挥作用的指标，才能让公司的战略目标得以实现。

所以，不能简单地将公司的 KPI 直接当成团队的 KPI，而是要学会对公司的 KPI 进行拆解，将 KPI 落实到每一个员工身上。

在实际的管理工作中我们不难发现，越是基层的员工越难跟企业或部门的目标直接建立联系。很多时候，他们只知道完成任务，并没有明确的目标，不知道所做的事情对团队和企业的意义在哪。因此，他们只是机械地完成任务，很难取得突破性的进展，为团队和企业创造更大的价值。

要避免这种情况发生，就要学会拆解公司的 KPI。通常情况下，上级会明确地将部门级的 KPI 分解到你的头上，而你要做的是将部门级的 KPI 分解成岗位级的 KPI，让关键绩效指标落实到每一个员工身上。

那么，如何对岗位级的 KPI 进行拆解？对于这一问题，我有以下 3 点建议。

找到关键成果领域。KPI 是围绕关键成果领域进行选取的，因此，如果能明确团队的关键成果领域，就能对 KPI 进行准确、详细的拆解。

找到关键成果领域后，把握核心的成功因素。例如，影响团队成功的因素是客户的满意度，那么在对岗位级的 KPI 进行分解时，就要分解出"提高客户满意度"这个指标。

让指标更加具体化。管理者可以把结果指标分解成行为指标、过程指标或原因指标，并将这些小的指标逐一分解下去，落实到每一个员工身上。这样有助于指标之间建立联系，更容易形成合力。

（2）KPI 不等于数字

一般情况下，KPI 指标是可以量化的，即可以用明确的数字衡量指标的高低。例如，销售员每个月的业绩指标是开发 10 个新客户，这个数字就是具体的、可以衡量的。

但是对于企业发展而言，如果一味地"以业绩论英雄"，肯定会影响企业的发展，因为现在不是像过去那样靠"单打独斗"就能够取得胜利的年代。现在团队的发展更需要不同类型的人才，需要他们之间的密切配合。因此，不仅要关注员工的业绩，还要关注员工的工作态度，也就是我们常说的"态度指标"。

态度指标是指员工对工作所持有的评价与行为倾向。

态度考核指标主要来源于企业的核心价值观，是一个比较抽象的概念，很难被量化，很多企业会因此放弃对员工的态度指标进行考核。但是，员工的态度难以量化成指标，并不足以成为企业放弃对员工进行态度指标考核的理由，因为态度指标也是衡量员工能否为团队创造更高价值的关键因素。

因此，制定 KPI 指标的时候，也要根据员工的实际工作情况，加一些主观判断的态度指标。制定态度考核指标的时候要注意以下五点。

第一，让团队的员工充分了解团队指标及其重要性。

第二，明确态度指标的标准：缺什么，考核什么。

第三，重要的六大态度指标为：客户意识、协作沟通、严格认真、学习创新、主动高效、责任担当。

第四，以"二八原则"确定态度指标的权重。虽然态度指标至关重要，但是在实际的考核中还是要以业绩指标为主，并遵循"二八原则"，即业绩指标占 80%，态度指标占 20%。

第五，态度指标与业绩指标和奖金挂钩。

良好的态度是做好一切工作的前提。因此，优秀的团队管理者都懂得在绩效考核的时候将态度指标与业绩指标相结合，以全面规范员工的行为，让员工能够更高效地开展工作。

（3）KPI 不等于全部

不少管理者在制定 KPI 的时候"事无巨细"，把影响团队成功的每一个因素都涵盖其中。虽然这么做并没有错，但是这种"眉毛胡子一把抓"的方式，显然会降低绩效管理的效率。事实上，绩效指标并不是越多越好，而是找出对团队成功影响比较大的关键指标。所以说，KPI 不等于全部。

对每一个指标都进行考核，不仅增加了管理者的工作量，也在无形中增加了员工的工作压力。在这些指标中，有一些并不是特别关键、能够对员工的绩效产生重要影响的指标，但是管理者在这些普通指标和关键指标上投入的考核时间及成本却是一样的。因此，在制定 KPI 的时候一定要选取关键指标。指标好坏不在数量，重在质量。

（4）KPI 是用来激励员工的工具，不要让它变成惩罚员工的工具

制定 KPI 的根本目的是为了激励员工，让员工能够为了实现目标、拿到奖励而努力工作。

但是，仍然有不少管理者把 KPI 当成惩罚员工的工具。举个例子，某管理者要求销售员一个月开发 10 个关键客户（正常情况下，该员工最多能够开发6 个关键客户），如果没有达成该指标，就罚款 1000 元。长此以往，员工一定会丧失工作的积极性。

因此，管理者应该避免把 KPI 当成惩罚员工的工具，而是应该将 KPI 当成激励员工的工具。例如，员工一个月如果能开发 6 个关键客户就奖励 500 元，开发 10 个关键客户就奖励 2000 元。事实表明，"奖励为主，惩罚为辅"的绩效管理方式更能激励员工。

　　在为团队制定 KPI 的时候，我始终坚持一点：希望他们可以完成任务，拿到绩效奖金。因为只有他们完成任务、拿到了奖金，他们才会更加努力为团队做出更大的贡献。

03

唤醒赢的本能：运用高阶能量的激励语言

我常常会发表一些演讲。每当我站在台上讲目标和梦想的时候，台下的员工都会激情高涨，跟着我一起高喊。那一刻我感觉到我唤醒了他们赢的本能。

事实表明，很多人无论是在学习、生活还是在工作中，都想赢。赢其实就是人的本能。但是很多人的这种本能是"沉睡"的，这样发挥不了任何作用。因此，相较于教会员工工作方法而言，我觉得更重要的事情是唤醒员工赢的本能。

德国著名抒情诗人、散文家海因里希·海涅在其著作《法兰西现状》中说："言语之力，大到可以从坟墓中唤醒死人，可以把生者活埋，把侏儒变成巨无霸，把巨无霸彻底打垮。"可见语言力量之强大。此外，很多伟大的演说家也会运用高阶能量的激励语言唤醒听众。

何谓"高阶能量的激励语言"？高阶能量的激励语言其实就是教练语言，是指在说话的时候要注入情感能量，使用一些有说服力、激励性的词语和表达方式。

（1）注意特定用语以及表达方式的选择

演讲的时候，有时候只要简单改变一下特定用语，表达效果就会发生很大的变化。为了能激发员工的热情，管理者在演讲或者发表讲话的时候，要注意选用特定用语的技巧。以下通过几组词语的对比来说明。

"你"对"我""我们"："你"这个字眼很容易让员工误认为你是在指责和批判他，如"你必须努力去做好这件事"，似乎意味着员工之前没有努力。这种用语很难起到激励作用。因此，建议管理者尽量将"你"转换成"我""我们"。"我"这个词，表示说话者可以对自己说出的话负责，能够增加语言的说服力，如"我相信大家可以做到"。而"我们"这个词，可以把自己以及团队的成员融合到一起，能够增强大家的集体荣誉感。

对于员工而言，在绝大多数时候，具有包容性、柔和的词语比那些带有指责或偏见的词语对他们更具激励性。所以在演讲或平时沟通的时候，要多用"我""我们"，少用"你"。

"应该"对"可以"："你应该怎样"与"你可以怎样"这两句话只有两字之差，但是给人的感觉却是"天壤之别"。"应该"表示说话者有一种居高临下或控制对方的态度，很容易引发对方的逆反心理；而"可以"则表示是一种提议，完全尊重对方的选择，更容易让对方听进你的建议，并使对方行动起来。所以，在给员工提建议的时候，要尽量用"可以"，让他们能更好地听进你的建议。

"尝试去做"对"将要去做"：不少领导在鼓励团队员工去做一件事的时候，会说"你们要相信自己，要尝试去做做看"。这么说没有错，但是"尝试"这个词实际上有 50% 失败的可能性，能让员工"有路可退"。这样的激励，效果显然会大打折扣；而"将要去做"则是一种承诺和责任，如"我们将要去做的是，达成这个目标"，这样的激励效果显然大于前者。

"总是""从不"对"有时候……"："总是""从不"这类词语中带有

很强的责备之意，如"你们做事总是拖拖拉拉"，这种用语会导致对方听了之后感到难受；而换成"有时候"，语气就会缓和很多，也能让员工认同你。

"你错了"对"你要学习"："你错了"，这句话显然会打击员工的积极性和自尊心。为了提升员工的积极性和热情，我们可以将这种说法改成"你要学习……"。这样做，一来可以让员工认识到自己的不足，二来也能让员工感受到你给他的鼓励。

高阶能量的激励语言，其关键就在于特定用语以及表达方式的选择上。高阶能量的激励语言注重的是将"否定"转变成"肯定"，让员工能感受到温暖、感受到热情，进而激发他们的潜能。

（2）适当配合肢体语言

谈到高阶能量的激励语言，相信绝大多数人能想到的都是非肢体语言。实际上，很多时候肢体语言更具激励性。因此，在演讲或沟通的时候，管理者要适当配合肢体语言。

我在演说中常用的肢体语言有以下 3 种。

第一种，举起紧握的拳头。在说到关键问题的时候，我会紧握拳头，以激发员工的斗志，给员工带来更多的力量。

第二种，挥手。手臂向前，手掌向上挥动。这个动作可以号召、鼓励和呼吁员工。

第三种，鼓掌。一般在演说结束的时候，我会带着大家一起鼓掌，让大家一起加油。

我这里介绍的是我自己常用的且效果不错的肢体语言。管理者可以根据自己的习惯和语言风格，选择适合自己的肢体动作。

只要掌握了正确的方法，你也可以成为演说家，用语言去唤醒员工赢的本能。

04

创造赢的状态：员工可以被引导，不能被强迫

唤醒团队员工赢的本能后，还要采取一些措施，为他们创造赢的状态，确保他们的激情和动力能持续不断。但是要注意的是，在创造赢的状态时，不要强迫员工按照你的想法做事，而是要学会引导他们。

引导员工最好的方式是——"隐喻"。

"隐喻"是修辞学术语，是用一种事物暗喻另一种事物。例如，"这里是花的海洋"（以"海洋"喻"花"）。

"隐喻"不仅能够让事物变得更加生动化、形象化，还能够激发热情，激励人们采取行动和发生改变。富有鼓动性的演讲者和有煽动性的书籍就是凭借具有感染力的隐喻来号召听众或读者行动起来的。事实表明，越感性化、越好记忆的隐喻就越能使听众和读者产生激动的情绪。其秘密在于隐喻通过把要表达的内容同某个已经具备某种意义的事物联系在一起，直接触及人的心灵（无意识的思维）深处。

隐喻其实就是换一种方式引导对方，让对方更深刻地认识到事物本身，进而积极行动起来。我发现，比起直接告诉员工怎么做，隐喻的方式似乎更能激励和引导他们。这其实就是人的本性。人性告诉我们：大部分人不愿意被管理，只愿意自己管理自己，只服从自己的意愿。

那么如何用隐喻来引导员工，创造赢的状态？

（1）帮助他们制定计划和目标，用正确的方向引导他们

制定明确、具体的计划和目标，就是帮助员工明确方向，用方向引导他们。

首先，诊断员工的发展阶段。

通常来说，诊断员工的发展阶段需要参考两个因素：一个是工作能力，另一个是工作意愿。工作能力是指员工针对某一特定任务或目标所表现出的、与任务相关的且可以转移的知识和技能。工作意愿是指员工针对某项具体任务或目标的积极性和自信心，简单来说就是员工的工作态度。

员工的工作能力可以从员工平时的业绩以及员工平时处理事情的方式中看出来，而员工对待工作的态度可以从员工的面部表情、活力及专注度等言谈举止中看出来。依据员工的工作能力和工作意愿，可以将员工的发展阶段分为四个层次：

第一个层次：工作能力低，工作意愿低；

第二个层次：工作能力一般，工作意愿高；

第三个层次：工作能力较强，但工作意愿不高；

第四个层次：工作能力强，工作意愿也强。

这四个层次其实就是一个循序渐进的过程。对于团队管理者而言，要引导员工创造赢的状态，就必须清楚地知道他们当前处于哪个发展阶段。唯有明确这个问题，才能找到正确引导员工的方向和方法。

然后，根据员工的发展阶段，帮助员工制定目标和计划。

引导员工，实际上就是要引导员工朝着正确的方向积极努力地工作，为团队创造更高的价值。因此，在确认了员工当前所处的发展阶段后，管理者就要结合当前的阶段以及员工自身的情况，帮助员工制定下一个阶段的计划和目标。明确的计划和目标，对员工来说就像一只隐形的手在背后推着他们向前走。换句话说，这正是管理者对他们的指引。

我们团队有一名销售员，在团队中已经工作了两年。他的各项能力都非常

强，每个月都会超额完成任务。从发展阶段来看，这名员工属于第四个层次，即工作能力强，工作意愿也强。这个时候我要做的，不只是让他完成任务、创造业绩，更要帮助他制定更高阶的计划和目标，以引导他突破自己、成就自己。因此，我主动找他面谈："你对自己的未来有什么样的规划？你希望3年后的自己处在什么位置？收入如何？……"经过这次面谈，他很快明确了自己未来3年的职业目标和收入目标。在新目标的激励下，他在工作上更加努力。

具体、清晰的计划和目标，可以让员工自发行动起来。这种引导方式，远比"你必须完成这项任务"更能激励员工。

（2）用提问的方式引导员工，让员工自己找答案

绝大多数管理者在员工遇到问题寻求帮助的时候，会直接否定员工，然后给出自己的答案。但是他们会发现，在他们给出建议或者具体方案的时候，员工总是不自觉地打断他们，想表达自己的不同意见。即便最后员工认可了管理者的想法，也按照管理者的想法和建议去做了，但是以后遇到类似的事情时，他们还是做不好。

这种强制让员工按照自己的想法和建议去解决问题、完成任务的管理方式是不可取的。因为，人对于外界强加给自己的意见都会产生强烈的抵触情绪，无关这个意见的好坏。对员工而言也是如此。即便他们清楚地知道面对眼前的问题他们不知所措，但是不代表他们对这件事没有任何想法，更不代表他们完全没有能力去解决这个问题。这个时候，就是管理者"派上用场"的时候了。管理者完全可以采取提问的方式引导员工，让他们说出自己的想法，让他们自己寻找答案。

我们团队有一名销售员，因为酒店硬件设备故障的问题被客人投诉。这个员工不知该怎么处理这件事，于是便向我寻求帮助。我并没有一开始就数落他，

而是想听听他的想法以及他的解决方案。

我问他："这个投诉你怎么看？"

他回答说："酒店设备的确存在问题，是我们的错，我们应该道歉。"

他的回答让我很满意，于是我接着问："那除了道歉，我们还要做什么？客人的诉求是什么？"

任何客人投诉的背后都是需求，可能是为了发泄，也可能是寻求补偿。

他皱着眉头说："不清楚，我们已经道歉了，而且也把设备修好了，但是客人还是不依不饶。"

我笑着说："那说明他的诉求并没有得到满足，你得再想想如何解决。"

他想了想说："这个客人比较精打细算，也许给他的房费打个折会更好。"

我点点头："如果是这样的客人，那么你的说法就是对的。那解决了这个投诉后，你认为以后应该如何做才能避免类似的问题出现？"

他停顿了一会儿说："要跟合作的酒店方洽谈，让他们定期检查、维修和更换设备，确保酒店的设施不影响客人的住宿，能给客人带来更好的体验。"

在我的提问下，员工一步步找到了自己的答案。如果我直接说"你要道歉，你要给客人赔偿，你要去跟酒店方协商……"，员工很可能不认可我，而且他更无法在这种问题中获得成长。

因此，我不提倡直接给员工"答案"的做法，我更喜欢用提问这样的方式引导员工自己思考并找到答案。这其实就是典型的隐喻方法——我不直接告诉你答案，反而抛出问题，让你自己找答案。这样的方式，员工更容易接受，而且能在很大程度上激发他们的思维和潜能。

05

当好教练：带领团队落实计划

计划如果不能得到落地执行，就好比"纸上谈兵"。所以，在制定了计划后，管理者下一步要做的就是带领团队落实计划。

在带领团队落实计划前，要做好两件事。

第一件事：员工提案，共同确认，使目标进一步渗透。

在落实计划之前，要召开一次团队会议。对于该计划，员工可以自由提案。最后，管理者要跟员工一起讨论，并共同确认目标，使目标进一步渗透。

当然，也有人认为这件事大可不必，因为之前已经确认过目标。但是，我个人建议，如果有时间，最好做这件事，因为这件事可以让目标进一步渗透。目标的渗透力越强，员工对目标的关注度就越高，管理者越容易激发员工实现目标的斗志。

第二件事：根据"任务"或"项目"确定关键节点。

我们在计划实施或者执行某个大的计划时，很可能会遇到诸多问题，例如产品质量问题、客户关系问题和项目进度问题等。出现这些问题主要是因为在执行任务或者项目时，没有根据任务或项目确定关键节点。

所谓任务或项目的关键节点是指该任务或者项目中最关键的事情。对于这些事情，管理者要带领团队成员投入更多的时间和精力去完成。例如，我们团队要签一家酒店，那么关键节点是洽谈合作方案、确定合作的相关事宜、对接渠道等。关键节点越详细，任务或项目越能顺利推进。

在明确了这两件事情之后，下一步就是带领团队落实计划。

一般情况下，管理者带领团队落实计划的时候会这么做：

第一步：自己咀嚼透，直接分配；

第二步：只关注结果，却不管过程。

表面看上去这样的方式并没有错，但是实际执行起来，你会发现员工的执行力不强，最终导致目标难以达成。

这种落实计划的方式是以结果为导向的，也就是说管理者并不关注员工完成任务的过程，只看最终的结果。相信大家应该听到过上级或者自己对下属说过这样的话"不管你用什么方式，我只看结果，不看过程"。这种管理者将计划制定之后，就撒手不管，只有到规定的时间才问员工要结果。

当然，不可否认的是以结果为导向能够促进目标快速达成。但是如果管理者忽略了过程，就有可能导致问题频出。例如，有的员工在执行计划的过程中非常努力，但是因为一些客观问题导致目标没有达成。如果管理者只看最终结果的话，无疑会让员工感觉自己受到了不公平待遇。事实上，如果管理者能够关注过程，在客观问题出现的时候及时帮助员工解决，最终的结果可能就会完全不一样。因此，在落实计划的过程中，管理者不仅要关注结果，更要关注过程。

具体来说，优秀的管理者在带领团队落实计划的时候会做到以下 4 点。

（1）围绕目标，展开实际行动

确定最终目标后，管理者要带领员工积极行动起来，让计划得以更高效地落地。

我曾在 2014 年 5 月制定了签约 5 万家酒店的目标。虽然我们的团队是在 2014 年 2 月才开始组建的，但对执行计划、达成目标这件事我非常有信心。

定下这个目标后，我就组织团队的员工一起讨论，让他们畅所欲言，提出议案并确认了这项任务的关键点。这项任务的关键点是开发新区域，寻找更多可以合作的酒店，并跟他们签约。在明确了目标和关键节点后，我根据团队员工的优势将他们分成了 A、B 两个小组。A 小组的成员对市场敏感度比较高，有较强的洞察力，因此安排他们去寻找新的市场，开发新的区域。B 小组成员的销售能力比较强，能够洞察客户心理，更利于成功拿下签单，因此安排他们负责洽谈合作事宜。在分配好任务后，我提出的要求是：两个小组之间必须密切配合，即 A 小组在发现可以开发的酒店，并对该酒店有一定的了解，经过仔细评估，确定适合合作后，要将相关信息及时传达给 B 组的成员，由他们负责跟酒店方洽谈。就是在这样密切的配合下，最终我们成功地达成了签约 5 万家酒店的目标。

我们之所以能成功，是因为我让员工参与了计划，并让他们了解到此次任务的关键点，让他们认识到这项工作的重要性以及自己的重要性。当他们认识到这些的时候，他们自然会自发行动起来，积极地落实计划，实现目标。

（2）关注结果，也关注过程

关注过程可以及时帮助员工发现问题。例如，员工在完成某个项目时总是面露难色、情绪不安、迟迟不汇报工作的进展，那么这一定说明员工遇到了难题。这个时候管理者就要及时与员工沟通，了解员工遇到的问题，并帮助其解决问题，以更高效地实现目标。

试想一下，如果管理者只看重结果会是什么情况？员工的问题难以得到解决，员工会因此感到巨大的压力。这种压力会导致他难以更好地投入到工作中，最终无疑会影响目标的达成。

所以，我一贯强调，团队的计划能否得以顺利落实，关键看管理者是否关注了员工工作的过程。在实际的管理工作中，除了自己日常需要在办公室处理的问题外，我都会到员工办公的地方走一走，或者让员工向我定期汇报工作。这样就可以掌握他们的工作情况，以便给他们提供及时的帮助。

（3）抓关键细节

有句俗话说"细节决定成败"。很多时候，往往就是因为一些细节问题，导致整个计划难以顺利推进。因此，作为管理者，要着眼大局，更要抓住关键细节，不能让计划出现一丝纰漏。

要抓住关键细节，就要求管理者在员工执行任务的时候，时刻关注他们的具体工作内容、具体措施、具体方法以及具体的步骤等细节。实际上，在安排工作的时候，管理者就要将任务具体化、细节化，具体到事，细节到点。

首先，要将计划分解成可执行的具体任务。例如，团队的计划是每个月签约6万家酒店。假设6万家酒店锁定的区域是 A、B、C、D 4个区域。按区域的人流量、市场行情以及酒店数量来划分，A 区域应签约2万家酒店，B 区域应签约1万家酒店，C 区域应签约2万家酒店，D 区域应签约1万家酒店。对区域进行划分后，可以根据员工的能力进行分配。能力强的员工可以负责 A、C 区域，能力一般的员工则负责 B、D 区域。这样下来，签约6万家酒店的计划，就成功被分解成可以具体执行的任务了。

然后，让每件事细节化。为了更好地落实计划，将任务分解到每一个员工身上的时候，还应强调员工在执行计划的过程中要注意哪些事项。如会见客户的时候，不能迟到；面对客户提出的质疑时，不要立即反驳等。这些具体的细节和注意事项，要根据计划的性质和内容来制定。

唯有将每件事细节化、具体化，才能确保计划顺利实施，全面落实。

（4）适当下放权力

要想让团队更好地落实计划，还要懂得适当下放权力。下放权力，不是允许员工想干什么就干什么，而是要设定一定的权力范围。例如，让销售员去跟客户洽谈合作，管理者可以适当给员工一个价格范围，如价格有 1000 元的浮动空间，员工可以根据实际情况自己斟酌决定。这其实就是一种适当的权力下放。

适当下放权力，意味着适当给予员工一些处理基本事物的权力。因为权力过大，意味着承担的责任更大。因此，在下放权力之前，管理者可以评估一下，这件事情的责任和后果员工是否能承担。如果员工可以承担，那就下放权力。否则，就不能下放权力。一旦造成权力下放过度，管理者和员工都难以承担责任和后果，进而也会给企业造成损失。

下放权力的大小需要根据员工完成的具体任务来定。一般，在安排员工任务的时候，管理者大概可以判断出员工需要哪些权力以及需要多大的权力。这个时候，给员工下放权力是最好的时机，不仅能够把握下放权力的适度原则，还能够有效激励员工更好地完成工作。

除此之外，管理者还要注意的是，要选择合适的人下放权力。

首先，这个人必须有高尚的品德，能够确保这个人的一言一行都是从团队的利益出发。下放权力给这样的员工，不仅能够给团队带来效益，还能够给其他员工树立正确的榜样。

其次，这个人要有能力、有担当、有责任心。如果没有能力，即便下放权力员工也难以更好地完成任务。因此，下放权力的时候，首先要考虑员工的人品，其次要考虑员工的能力。只有人品、能力兼备才是团队真正的人才，才能把权力交给他，助他更好地完成任务。

所以，管理者不要在制定完计划后就当"甩手掌柜"，而是要当团队员工的教练，带领他们展开行动。

实现赢的目标：突破极限，梦想和激情永续

唤醒赢的本能以及创造赢的状态的最终目的都是为了实现赢的目标。要实现团队目标，就要懂得带领团队突破极限，让团队的梦想和激情永续。

2010 年 6 月，是我接手浙江嘉湖的销售团队的第 3 个月。那时，浙江大区开始大战，台州的销售团队挑战嘉湖的销售团队。当时我们团队的元气尚未恢复，而且历史上，嘉湖团队从未战胜过台州团队，客户数据也没有台州多。当年 4 月台州团队的业绩是 600 万元，嘉湖团队却只有 200 万元。面对对手这种压倒性的优势，我没有选择放弃。

为了扭转乾坤，让团队能够实现赢的目标，我的做法是，帮助团队成员找到最真实的自我，让他们突破极限。

（1）让员工把自己当成挑战对象

对于大部分人而言，最大的竞争对手不是别人而是自己。所以，为了让员工找到真实的自己，刚开始执行目标的时候，我鼓励他们每个人都把自己当成

挑战对象。

但是实际情况是，并不是每一个人都能把自己当成挑战对象。尤其是当你的竞争对手非常强大的时候，很多人会因为巨大的压力而迷失方向。因为在绝大多数人看来，挑战的最终目的是赢对方，并不是超越自己。事实上，很多时候决定输赢的不是自己的能力问题，而是自己把谁当成对手。换句话说，对手永远是假的，"输"永远是输给自己，而赢也永远是赢自己。所以，我们不要过分在意对手是谁，先清楚地认识自己，知道自己要做什么才是当下最紧要的事情。

当我将这种理念传递给团队员工的时候，他们似乎找到了真正的自己，知道了自己接下来要做什么。到了 2010 年 6 月 17 日那天，我们团队的销售额达到了 200 万元。虽然这个数字离"赢"还有很大一段距离，但是大家都没有放弃，更没有忘记自己最初的目标。这一点让我倍感欣慰。

当时，团队所有人都在重整旗鼓，准备逆势反击。当大家不顾一切地奋力向前冲的时候，我们甚至一度忘记了竞争对手，忘记了这场挑战。那时候几乎团队所有人的想法都是：超越心中的极限。

（2）用一场演说，激发团队斗志和潜能

在取得一些成绩后，大家并没有骄傲，还是在继续努力工作，奋力追赶目标。为了激发大家的斗志和激情，我发表了一次演讲。

伟大的嘉湖精英们：

铸就嘉湖之魂，一个可以让阿里巴巴中供史上永载史册的战争！

什么是"英雄"？要在茫茫的黑暗中，发出生命的微光，带领着队伍走向胜利，这就是英雄。英雄就是在关键时刻突显出来的。

感谢昨天每一位签单的战友们，我们仅仅用半天的时间创造了日进百万元

的签单。这是一个奇迹，你们是嘉湖人民心目中真正的英雄！

前面 17 天的时间，如果说我们打了一个盹儿的话，那么后面的时间就是我们大肆张扬激情和实力的时候。让我们一起用行动、用结果来诠释嘉湖王者归来的精神和意志。这场战争直到现在，才真正进入高潮，没有人可以叫停，没有人可以有丝毫的松懈。我们要么迎着炮火向前冲锋，把尖刀插在敌人的心脏，获取胜利，要么被对手轰成肉泥，永世不得翻身，别无选择。

销售是可以让人倾注所有感情和血性的战场，如果你听不到这个战场上的炮火声，如果你看不到这个战场上浴血奋战的战友，如果你已经不能全身心地为之疯狂和投入，你已经渐行渐远，请你收拾包裹离开这里，因为这里不需要弱者，不需要懦夫。站在这里一天，你就是一名战士，你必须拿起枪战斗。阿里巴巴的"战争"文化完美地诠释了销售的精髓和哲学，这也是阿里巴巴无敌于天下的唯一法宝。

国与国的竞争，如果只是靠武器的先进和人数的多寡，那就不会出现运筹帷幄、决胜千里的军事家；企业和企业的竞争，如果只是靠资金的实力强弱，那就不会出现雄才大略的企业家；销售团队的挑战，如果只靠理性和正常思维，那就不会出现强势逆转、突破极限的结果。伟大的战役呼唤伟大的英雄诞生，最后的 12 天时间，伟大的英雄们，让我们一起持续疯狂，用铁血的意志和最强悍的行动，一起来铸就嘉湖之魂，一个可以让阿里铁军史上永载史册的战争之魂！

这场演说点燃了大家的激情。在最后的 12 天中，绝大多数人都没怎么休息。其中有 3 天，我们当天的签单量超过百万元。短短 12 天的时间里，我们创造了 900 万元的业绩。这对于嘉湖团队来说，无疑是一个巨大的奇迹。虽然业绩非常不错，但是到 2010 年 6 月 30 日的最后一天，我们依然没有松懈。当天我们创下了近 80 万元的业绩。到了晚上，我们团队还有十几名员工在外面"浴血奋战"，做最后一搏。我们的最后一个合同是在 2010 年 6 月 30 日晚上 11 点 56 分签的。那一刻，嘉湖团队真正崛起了！

一场伟大的销售战役，每个人都是伟大的"导演"，每个人都在决定着战斗的胜负，每个人都是领导中的领导。因此，这场战争的胜利，我要感谢团队中的每一个人。当然，我还是强调，员工首先要学会感谢自己，是他们突破了极限，成功战胜了自己。

有句话说，"实现了真实的渴望，才算是到过了天堂"。我们团队实现了真正的渴望，我们因为共同的努力和协作到达了"天堂"。那一刻，我们嘉湖团队真的赢得彻彻底底。

当然，如果输了，我们也不会因此放弃。我曾反复跟团队的员工说，要把输赢看淡一些，最关键的是个人成长。每个人都要懂得把生命中的每一次"赢"都看作是礼物，把生命中的每一次"输"都看作是下一次前行的动力。

（3）学会总结，让梦想和激情永续

在我们团队取得胜利后，我借着大家热情还在的时候，发表了一次总结演讲，目的是为了让大家的梦想和激情永续。

兄弟们：

经历了6个月的大战，嘉湖团队赢得了尊重和江湖地位，更重要的是我们每个人从这场大战中感悟良多。我们彼此之间的心更近了，我们成了一个无坚不摧的整体，我们无愧于"伟大的嘉湖管理层"这个称号。

或许你有过这样难以言语的经历，在高潮过后感觉到巨大的空虚，一刹那间所有的期待和恐惧都消失了。产后抑郁症就是相似的情况，好像一个很饱满的身体突然空掉了。在伟大的计划完成后，我们陷入了迷茫和不知所措，那就是大战后的"产后抑郁症"。

6月大战后，我们看到很多区域主管休假，也看到很多区域主管虽然在工作但是处在一个"半休眠"状态，对于员工的消极怠工和迷茫也没有任何的作为。因为我们总是觉得大战后需要的是大休，需要的是静养。虽然这样的调整无可厚非，我们感恩于自己和员工的辛勤付出，给自己的心情和身体放个假也是情理之中。但我始终认为，这不是阿里铁军的战争哲学。战争就像我们去健身，那是一种充电，那是一种杀死病理细胞而激发良性细胞的过程，那是能够让我们内心充满力量和激情的过程。

只有战场才能让一个人成为将军，也只有胜利落幕的淡定和繁华喧嚣下的从容才能成就将军高贵的品质和人格。这样的将军才会无往不胜，天下无敌。对于大战过后，我们更需要做的是沉淀和借势。

当然，我非常开心地看到嘉湖管理团队的成熟。我也希望大家能打起精神，（2010 年）7 月我们要做到外松内紧。你们要知道，"领导者是孤独的"，这不是指我们要形单影只，孤立无援，而是指我们要有更强的前瞻性和思想高度！

"大战"结束后，大家似乎都开始处于松懈的状态。所以，这个时候以演说的形式帮助他们分析现状，并鼓励他们积极行动起来是非常必要的。

对于个人而言，实现赢的目标就是自己不断地努力去做。但是带领嘉湖团队同台州团队大战的这次经历，让我清楚地知道，对于团队而言，要实现赢的目标就必须激发员工的斗志，让他们挑战自己、突破极限，并且要采取一些措施让他们的梦想和激情永续。唯有如此，团队才能得以永恒的发展。

07

拥有更高阶的领导力

在团队成长越来越好之后，我的信心也倍增。这个时候我开始思考的问题是：如何才能拥有更高阶的领导力？

（1）领导要有激情，要有一颗精进勇猛的心

销售团队本身就是一个充满激情、面对困难敢于勇往直前的团队。因此，作为销售团队的领导者，更要有激情，要有一颗精进勇猛的心。

但是要注意的是，这里的勇往直前，并非领导者一个人冲上前线，孤军奋战，而是要求领导敢于挑战自己，敢于带领团队创造更多的可能。

我在带团队的时候，常跟自己说，我应当让他们感受到我的激情和勇猛。所以，在工作中遇到困难或者市场竞争压力比较大的时候，我都会站出来说："我们最不怕的就是困难，因为困难能促进我们快速成长。"并且我会鼓励大家一起并肩作战。那段时间，我时常想，只要我不退缩，他们一定不会退缩。

因为我的这种做法，团队的员工在遇到困难的时候，也变得更加勇猛。以

前他们做事情总是畏手畏脚，怕这怕那，现在他们终于敢于放手一搏。这让我感到非常高兴，也让我认识到，真正的领导力，不只是让员工去做事，而是首先自己要有激情、要勇猛！

（2）带团队就是带人心，而人心要温柔相待

绝大多数领导者能做到激情、勇猛，但是他们未必能做到对员工温柔相待。因为，他们大多数人认为，作为一个领导者就应该有领导者的样子，对员工太温柔，只会失了威信，难以让员工服从管教。的确，这种想法并没有错。但是我想说的是，领导在对待工作的时候一定要严格遵循制度、按规矩办事，而在对待员工的时候一定要温柔。

我曾经去拜访一家酒店的经理时，正好遇到他在训斥员工。于是，我只好坐在一旁等候。他声嘶力竭地对员工说："你们这群废物，我就让你们办这点事，你们都办不好。是不是离开我就不行了？"员工纷纷低下头，像犯了错误被老师狠狠训诫的小孩。

后来我再去那家酒店办事的时候，经理已经换了一个人。据说是员工集体向上级反映这位领导的做法太令员工寒心，很多老员工都有辞职的打算，因此上级才做出了人事调动，希望那位经理好好反省。

虽然这件事不是发生在我的身上，但是我也为那位经理感到遗憾。因为我跟他合作有一段时间了，他的能力是值得肯定的，只是在对待员工的问题上，确实欠妥。那件事之后，我也开始反思，对待员工还是要尽量做到温柔相待。

社会心理学中有个效应叫"南风效应"，也叫作"温暖法则"。该效应来源于法国作家拉·封丹写的一则寓言故事。这则寓言故事讲的是北风和南风比威力，看谁能把行人身上的大衣脱掉。先是北风猛烈地吹，想吹掉那些衣帽，但街上的行人为了抵御寒冷都将衣服裹得更紧。南风则徐徐吹动，渐渐人们觉

得非常暖和，便纷纷将大衣脱掉。比赛的结果很明显，南风获得了胜利。

这则故事要告诉我们的是：温暖胜于严寒。这也是南风效应的核心理念。这一点现在也被广泛运用到管理工作中，要求管理者要时刻关心下属，尊重下属，要多点"人情味"。南风效应体现的其实就是管理"柔"的一面。

那么，如何对员工温柔相待？

一要注意说话的语气。不要因为员工犯错，就对员工颐指气使。即便员工犯错了，也要采取正确的说话方式和温和的语气跟员工交流。例如，"这件事你的确做的不对，能不能说说你的想法"，而不是说"你怎么又犯这么低级的错误"。要知道，你的目的是帮助员工解决问题，而不是打击员工的自信心和自尊心。

二要多关心员工。作为领导者，要关心员工的工作，更要关心员工的生活，让他们感受到温暖。

总的来说，领导要采取人性化的管理，不要因为制度和规则而变得麻木不仁。这样只会让员工对工作产生倦怠感，甚至会直接离开团队。这对于领导、对于企业来说都是一笔巨大的损失。

（3）领导要像孩子一样"顽皮"，不断提升自己的创造力

说到"顽皮"这个词，我们首先想到的肯定是小孩。顽皮的小孩都有 3 个特点：好奇、好动、好玩。但是很多家长都喜欢文静、乖巧的小孩。面对顽皮的小孩，他们常常感到心烦意乱，而且会用严厉的教育方式来制止他们的各种行为。

实际上，顽皮的小孩很多时候更有创造力，更能突破自己。"世界发明之父"爱迪生，就是一个非常顽皮的小孩。

童年的爱迪生非常顽皮。上学的第一天，老师问全班同学："1 加 1 等于

几？"大家都回答"2"，只有爱迪生回答"1"。为了证明自己的答案，爱迪生从口袋里掏出两颗糖，用嘴哈了一口气，将两颗糖搓成一块，反问道："这不就是一块吗？"

虽然爱迪生的这种做法不值得赞扬，但是不可否认的是，爱迪生的顽皮让他的思维更活跃。也正是因为这一点，让他有了伟大的成就。因此，要想提升自己的领导力，就要保持孩童的顽皮，对周围的事物充满好奇心，要多走动，多观察，多尝试。只有不断钻研、分析，才能具备更敏捷的思维，才能做出更正确的决策，进而带领团队打胜仗。

很多时候，一个人之所以能走上管理者的岗位，不仅是因为他具有聪明才智和专业的知识、技能，还因为他勇猛、温柔和顽皮，有吸引员工的魅力。这个魅力，其实就是领导力。因此，对于管理者而言，要想获得员工的"芳心"，带领团队打胜仗，除了要具备必备专业的知识和技能外，还要学会获得更高阶的领导力。

第 6 章

赋能：

让每个员工都有成为领导的可能

人永远不要忘记自己第一天的梦想，你的梦想是世界上最伟大的事情，就是帮助别人成功。

——马云

01

成就员工：要让员工增值

2016 年，中国互联网行业逐渐进入 C 端流量"移动红利"的末期。随着腾讯提出"产业互联网"，阿里巴巴提出"新制造""新零售"等概念，互联网技术对各个行业的产业链改造开始逐步深入——这被视为中国互联网行业未来 20 年的增长点。在这样的背景下，携程战略投资的旅悦集团，成为互联网技术在旅游酒店业进行深度产业链改造的先锋军。在这样的机遇下，我有幸成为旅悦集团的 CEO。

再伟大的梦想也需要由人一点一滴地完成。作为一个集团公司的 CEO，我深知员工对于一家公司发展的重要作用。员工是公司最重要的资产，只有让员工增值，公司的资产才会不断壮大，管理者个人的价值才能得以实现。

因此，我常常会问自己两个问题：

第一个问题：他们跟着我，是增值了，还是贬值了？

第二个问题：他们仅仅是完成任务了，还是在不断成长？

我会不断地告诉自己：我的任务是帮助员工增值，让他们能够获得不断的成长，而不是简单地让他们按部就班地完成任务。我始终把员工的成长当成我的责任。

凯宾斯基是世界上最古老的豪华酒店，也是非常重视员工增值的一家酒店。

凯宾斯基某区域酒店的经理曾表示：员工是我们企业最大的资产。十几年前，凯宾斯基员工的平均年龄是 20 岁；现在凯宾斯基员工的平均年龄是 30 岁。据凯宾斯基酒店内部数据调查显示：凯宾斯基员工中，有 80% 的员工工龄超过10 年。在很多酒店为员工流失率发愁的时候，凯宾斯基酒店的经理都在想方设法帮助员工晋升。

为了培养员工的忠诚度和创造力，他们不单单是给员工高薪酬，同时更加重视员工的增值，并为员工制定了"培训护照"。"培训护照"从员工的需求出发，将固定化培训和个性化培训相结合。员工入职第一天，人事部就会给员工发一个小本子，就是"培训护照"。每年，公司都会安排一定的时间对员工进行培训。培训课程涉及的知识面非常广泛，有英语口语、化妆和纠纷处理等。凯宾斯基的经理曾说："有了这本通行证，员工无论走到哪里都一定会是优胜者。"

凯宾斯基的成功离不开对员工的培养。当员工不断增值后，他们的能力会越来越强，会为企业创造更大的价值，且能够成为企业的核心竞争力。因此，团队的管理者要以员工为核心，且要不断帮助员工成长、增值。只有成就了员工才能成就自己，最终才能成就团队和企业。

帮助员工增值，通俗来说就是教会员工赚钱的能力，也就是我们常说的"赋能"。

赋能，顾名思义即赋予员工能力或能量。这一词最早出现在积极心理学中，是指通过言行和态度的改变，给予他们力量，以最大限度地发挥个人潜能。在管理中，赋能是指管理者赋予员工一定的权力，以充分发挥员工的潜能。

从管理学的角度看，赋能能够满足员工的个人需求和自我实现需求。在赋能的过程中，员工获得了"能量"。这种能量会在工作中转化为企业的价值，即企业产出。所以，管理者不必对员工过于"吝啬"。

在实际的管理工作中，要如何对员工进行赋能？我总结了以下几点建议。

赋予员工更多参与决策的能力。例如，管理者在为某件事做决策的时候，可以让团队的员工参与进来，让员工发表自己的意见和看法。这不仅能够帮助管理者做出更准确的决策，还能够有效提高员工的决策能力。

给员工一些"小权力"。在合适的范围内，赋予员工一定的掌控权和支配权，让员工可以积极主动地去处理工作任务，也是赋能的一种方式。例如，员工在处理客户投诉问题的时候，如果有把握，那么可以按照自己的方式处理投诉，不需要层层上报。

给员工提供针对性的培训。要提升员工赚钱的能力，无疑要提高员工的专业技能和知识。因此，管理者要明确员工在技能和知识层面的优势和劣势，并为员工提供针对性的培训。

激发员工的斗志和潜能。真正能够激发员工积极性和潜能的不是单一的工资，而是合理的激励制度。例如，员工表现优秀的时候给予员工奖金激励，或者晋升。这种"实实在在"的激励能够表达公司的诚意，更能激励员工。

让员工具备赚钱的能力才是管理者的核心工作。让员工赚钱不是管理的最终目标和结果，而一旦员工具备赚钱的能力，他们便会自发地完成任务，并不断突破自己，拿到自己期望的薪酬。这时候管理工作就变成了一件简单的事情。

成就自己：在带团队中成长

一个人站得越高，责任就越大，压力也就越大。但同时，那些责任和压力也是自我成长的机会。尤其是当我成为旅悦集团的 CEO 之后，我越来越感觉到：作为一名管理者，只有你自身不断地成长才能带领团队走得更稳，走得更远。

因此，在带团队的过程中，我一方面在强调员工的个人成长，帮助员工增值；另一方面我也会不断激励自己在带团队的过程中努力学习，让自己能够获得更好、更快的成长。

根据这几年带团队的经验，我认为管理者的自我成长必须把握住 4 个最佳时期。

（1）当你去创建一支新团队的时候

俗话说：新官上任三把火。创建一支新的团队，是展现一个管理者能力的好时机，更是管理者提升自我的好时机。

创建一支新的团队，管理者的首要任务是选人、识人、育人和留人。在这个阶段，管理者要学会"闻味道"，闻自己身上的"味道"，选择跟自己团队相匹配的销售人才。要想顺利找到合适的人才，成功建立自己的团队，管理者要做到两点。

第一点：事必躬亲。在组建新团队的过程中，管理者一定要事必躬亲地去处理一些事情，例如亲自做招聘面试，亲自给新员工做培训等。这样做一方面有利于选择跟自己"味道"相似的人，另一方面也有利于管理者的自身成长。可能你之前是因为业绩突出被提拔为销售主管，你最突出的能力是销售，而带团队需要的管理能力却不足。这种管理能力虽然也可以通过培训和学习得到提升，但远远没有事必躬亲的历练来得扎实。

第二点：容人。虽然招到和自己的"味道"一致的人对组建新团队来说很重要，但也很难。这个时候，管理者就要有"容忍"之心。对于"味道"不太一致或者在招聘时判断失误而招到的另类人才，管理者一定不能冷眼相待，甚至动不动就责骂或找借口开除。你要知道，对于新组建的团队来说，没有什么比稳定更重要的了。当然，为了团队的和谐，你可以通过建立制度、培养文化来影响他们，让他们慢慢地和团队整体的"味道"保持一致。

（2）当你带领一支老团队的时候

老团队，顾名思义，这支团队是已经组建好的，甚至是已经成立了很多年的团队。老团队里面的员工，大部分都有一定的工作经验，有的甚至在公司待的时间比你还长。很多管理者在面对这样的老团队时，会担心做不好他们的管理工作。

的确，相较于刚组建的新团队而言，老团队并没有那么容易管理。其中最大的挑战便是他们已经形成了自己的"味道"。作为一个"空降兵"，你的"味道"是否和他们一致决定了你是否会被他们接纳，你的能力是否能够让他们信服决定了你是否能够赢得他们的追随。

所以，带老团队也要先学会"闻味道"。这时候要闻的不是自己的"味道"，而是团队的"味道"。换句话说，管理者要清楚地识别这是一支什么样的团队，团队里的每个人都有什么样的脾性、爱好和习惯，他们在工作上都有哪些优势和劣势……明确这些信息，可以帮你快速了解这支老团队，进而找到融入他们的法门。

要带好老团队，管理者就要做好以下 3 点。

第一，主动融入团队。带领一支老团队最困难的事情莫过于融入他们。一般来说，老团队对新来的管理者多少会产生一定的排斥心理。因此，带领老团队之前，管理者要做好充分的心理准备，并且放低姿态，主动亲近下属，加入他们的圈子。例如，中午吃饭的时候主动坐到他们中间去，聊一些他们感兴趣且轻松的话题。

此外，绝大多数团队里都会有一两个喜欢八卦的"热情"下属。这个时候，他们恰恰是你快速了解团队、融入团队的最佳助手。所以，哪怕你平常特别不喜欢这类人，这时也不要拒绝他们的亲近。如果你带领的那支老团队恰恰没有这样的人，你就要另辟蹊径了。

总之，知己知彼百战百胜，主动了解和融入团队，是你带好一支老团队必须迈出的第一步。

第二，提升自己的专业领域技能。老团队是一支比较成熟的团队，他们对团队的规章制度和自己的工作职责都比较了解。因此，要带领这样一支团队，并让团队员工听从你的安排，你就必须掌握更高阶的专业领域技能。谁不愿意追随一个有实力的领导呢？因此，用实力说话一定是你搞定老团队的不二法门。

第三，前期求稳定，后期再调整。老团队的发展一般都比较稳定。这个时候，管理者切忌刚上任就按照自己的行为方式，推翻老团队之前的制度或者管理方式，这样很可能取得适得其反的效果。因此，前期一定要求稳定。等团队稳定发展一段时间，并且你对团队的发展情况以及团队员工有一定的了解后，再做调整。

（3）团队在打硬仗的时候

对于销售团队来说，打硬仗的时候一般是团队在冲业绩或者跟其他团队竞争的时候。这个时候，不仅能突显管理者的能力，更有助于管理者的自我提升。

管理者在打硬仗的时候，通常要做的事情是定策略、定资源、定过程和定结果。这4个环节一个都不能少。管理者要让员工感觉到紧迫感，给员工带去动力。

我们团队每次在新项目启动的时候都会召开项目启动会。

启动会上我会要求员工签下"军令状"，军令状上写上他们要达成的目标，并签上自己的名字。签好军令状后大家站在两旁，我站在中间位置。我喊团队的名字，他们喊"必胜"。然后，我拿着提前给大家准备好的荣誉证书，告诉他们："这里面有你们优秀的队友，有优秀的开发项目。所有的光荣、业绩都在等着你们。它不仅意味着鲜花，意味着掌声，更意味着我们的尊严。这个月你们有没有信心？有没有信心？有没有信心？"大家的热情瞬间被引爆了，纷纷大呼"有！有！有！"同时，他们对自己签下的军令状也更加有信心可以将其完成。

所以，在团队打硬战的时候，如何激励下属行动起来达成想要的目标，就是管理者面临的最大挑战。当你成功扛下这个挑战，你的管理能力就又上了一个新台阶。

（4）当团队面临变化的时候

人们通常都是通过观察事物的变化，从中学习到一些深刻的道理和知识。管理工作也是如此。管理者可以从团队面临变化的时候，掌握更多的管理知识，积累更多的管理经验。

就目前的市场行情来看，互联网公司的淘汰率在 10% 左右，而互联网销售行业的淘汰率甚至更高。这么高的淘汰率注定销售团队是多变的和动荡不安的。那么，在团队面临变化的时候，哪些方面对管理者来说最具有挑战性呢？

第一，及时沟通的能力。团队面临变化的时候，管理者一定要在第一时间将团队变动的情况清楚地汇报给上级，并将上级的指示明确地传递给下属。简单来说，管理者在其中起到一个"上传下达"的作用。沟通越及时，越利于上级调整策略、下级采取正确的行动应对外界的变化。

第二，裁员要果断。团队面临变动的时候，很可能会选择裁员。很多管理者在面对裁员这件事情的时候，总感觉无比艰难。为了团队的发展，他们不得不裁员，而他们裁谁都将得罪人。但是，你要知道，只有将不合适的人裁掉，才能将资源和精力投入到更有利于团队发展的人身上。这才是一个管理者应该具备的思维能力。所以，不要害怕裁员，该出手的时候一定要出手。

第三，良好的心态。团队的变动，很可能会造成管理者的不安、焦虑和恐慌，进而影响团队其他成员的情绪状态。因此，无论面临什么样的变动，管理者都应当保持良好的心态，都要沉着冷静地面对问题、处理问题。

对于团队管理者来说，保持成长和提升是你要持续做的事情。在以上 4 个时期可以获得成长，但并不是说只有在这 4 个时期才能获得成长。作为管理者，应该时刻保持学习状态，时刻寻找可以让自己成长的机会。只有管理者不断成长，团队才能获得更健康、长久的发展。

03

识人：我有一支什么样的团队

识人能力，是团队管理者应当具备的核心能力。

但是识人不是简单的面试、看简历和看绩效，真正意义上的识人，是明确知道自己拥有一支什么样的团队，这些人才有哪些优势和特长，他们处于什么样的发展阶段。然后根据他们的具体情况，给他们提供帮助和资源，帮助员工最大程度地发挥自己的潜能，成就他们。对于企业发展而言，成就员工，就意味着成就企业。

（1）识别团队中最需要帮助的人

聪明的管理者都清楚地知道，团队中哪些员工最需要帮助，然后会给他们提供最好的资源和帮助。

管理学中有一个效应叫"木桶效应"，是讲一只水桶能装多少水，取决于它最短的那块板。团队就像一只木桶，每个成员就相当于一块木板。不可避免的一点是，团队中员工之间的能力是参差不齐的。面对这样的情况，如何才能让木桶尽可能地装更多的水？这就需要管理者识别出谁是最短的那块木板，也就是，谁是最需要帮助的人。

第一，谁是最忙的人。

最忙的人一定是最需要帮助的人。这一点毋庸置疑。我们要注意的是，忙一般分三种：一种是"真忙"，一种是"瞎忙"，一种是"装忙"。

"真忙"的人：他们的工作内容比较复杂，工作量比较大，他们在有限的时间内无法或者很难完成工作任务。这类人一般会尽力完成任务，很少会"大声嚷嚷"自己非常忙。

"瞎忙"的人：他们一般是因为能力不够，或者工作方法不对，无法胜任现有工作而出现"瞎忙"。这类人看上去是真忙，但是忙到最后工作也难以完成。

"装忙"的人：顾名思义，假装自己很忙。这类人的任务一般比较轻松，但是为了让领导看到自己在用心工作，让领导表扬自己，他们会刻意假装自己的工作很忙。

对于以上三种"忙"，管理者应该帮助的是"真忙"和"瞎忙"的人。真忙的人，他们的确工作量太大，需要管理者提供资源上的帮助。这里的资源可以是人也可以是工具。总之，一旦管理者提供帮助，他们的工作便能更顺利地推进，创造更高的业绩。而对于"瞎忙"的人，领导也要给予帮助，要指正他们，让他们把时间和精力化在更有价值的工作中。对于那些"假忙"的人，可以先让他们装一阵儿。等绩效考核结束后，再跟他们进行面谈，让他们意识到自己的工作态度存在问题，进而改正自己。

第二，谁是能力欠佳的人。

在团队中，不乏这样的员工，他们对待工作特别认真、积极，但是他们的能力有限，结果导致绩效不佳。对于这样的员工，领导应该大力提供资源和帮助。

我们团队中有一名员工，他对待事情很认真，但是对于销售知识、酒店和旅游方面的相关信息了解得非常少，客户咨询到相关问题的时候他总是难以回答上来。长此以往，他对自己越来越没有信心，甚至产生了离职的打算。但是这样认真、踏实的员工，我是不愿意失去的。针对这种情况，我对他展开了相关知识和技能的培训，同时安排能力突出、经验丰富的销售员当他"师傅"，手把手地教他。慢慢地，我发现他有了明显的提升，处理业务的时候也能手到擒来，签单量整整翻了一倍。我暗自庆幸：如果我当初任由他离职，就失去了这样一个得力干将。

需要强调的是，并不是所有能力欠佳的人都值得我像对待这名员工这样花费大量的时间和精力去提供帮助。帮助能力欠佳的人的首要条件是：他的工作态度是端正的。只有在工作态度认真、对团队忠诚的基础上，你提供的帮助才是有效的。否则，反而越帮越乱，得不偿失。

管理者都知道，团队的资源是有限的，领导的时间和精力也是有限的，只有把有限的资源放在有价值的事情上才能促进团队健康、稳定地发展。所以，领导要学会识别真正需要帮助的人，把时间和精力用在他们身上。一旦这些人的能力提升上来，"水桶"能装的水自然就更多，意味着团队能够获得更多的利益和更快的发展。

（2）明确员工处于什么样的发展阶段

每个人都会随着年龄的增长见识和对自身的认识发生一些变化。所以说，要想精准识别人才，管理者还要明确员工处于什么样的发展阶段。这就好比看病一样，必须清楚识别员工处于什么样的阶段，才能"开药方"。

一般来说，我们可以将职场人的发展阶段分为以下 4 个阶段。

探索积累期。探索积累期是指入职后的 1~3 年。处于这个阶段的员工，一般对工作的认知不高、能力欠佳、工资水平较低。对于这一阶段的员工来说，他们需要的是不断探索自我、快速积累资源和提高能力，以帮助自己快速成长。

发展成就期。发展成就期一般是指员工在职场工作了六七年后，大概在30~35 岁。处于这个阶段的员工，基本上已经掌握了岗位所需的知识和技能。

他们更关注的是个人职业规划和未来的发展，而不仅仅是利益和职位。

收获平衡期。收获平衡期，一般出现在职场人的 40 岁左右。因为前两个阶段的积累和努力，处于这一阶段的员工，基本上都开始收获。但是，他们同样有忙不完的工作和处理不完的事情。与此同时，这个阶段的员工还会面临家庭和身体健康状态带来的压力。对于这个阶段的员工来说，他们需要有良好的作息时间，需要平衡工作和家庭之间的关系。

开拓实现期。开拓实现期，一般出现在职场人的 50 岁左右。这个时期的员工已经拥有了一定的资金和资源。对于这个阶段的他们而言，他们需要的是不断开拓自己，在有保障的情况下，实现自我。

从以上 4 个阶段我们可以看出，处于不同阶段的员工，其需求是不同的。唯有明确了解员工处于哪个阶段，管理者才能"对症下药"帮助员工，满足其需求。

例如，团队来了一名应届毕业生。那么管理者首先要识别他处在职业生涯的起点，即探索积累期，然后要判断这个阶段的员工需要什么，才能"对症下药"。当然，应届毕业生相对来说属于比较好判断的。那些工作 3~5 年的员工反而不好判断。如果仅从工作年限上来看，他们可能还处在探索积累期，但不排除有个别人的成长速度非常快，各方面表现都很突出，早就跨过这个阶段，进入更高的阶段了。所以，管理者在判断员工的发展阶段时一定要进行全方位的考察，切忌凭经验盲目下结论。

一般来说，管理者可以从以下几个方面综合判断员工所处阶段。

工作年限：清楚了解员工在该行业工作了多少年，大概判断其处在哪个阶段。

工作职级：了解员工在企业的职级，进一步判断其成长速度和发展阶段。

工作成绩：了解员工在职期间取得了哪些成绩和成就，判断其工作能力，辅助诊断其发展阶段。

工作失误：了解员工在工作上存在过哪些失误，判断其工作能力，辅助诊断其发展阶段。

在对员工的发展阶段进行诊断时，以上 4 个方面要全面关注，结合诊断，切不可只关注其中一点就下结论。对这些信息了解得越详细，对员工的发展阶段诊断得也就越精准，对于你识别人才也就越有帮助。

识别人才不仅可以让你清楚地知道你的团队需要什么样的人才，还能帮助你清楚地识别你有一支怎样的队伍。正是因为对自己团队的认识和了解比较深入，我才能将他们更好地组合起来，形成一支强有力且高效的队伍。

04

用人：给予机会，借事修人

在管理岗位上摸索多年之后，我逐渐明白一个道理：管理之道，唯在用人。

世界著名管理大师杰克·韦尔奇曾说："让合适的人做合适的事情，远比开发一项新战略更重要。"这句话的言外之意就是要学会识人，更要学会用人。如何用人？这些年的管理经验告诉我，用人一定要懂得给予机会，借事修人。

因此，在实际的工作中，我总是会想办法给员工提供更多的机会，让他们能够在完成工作的过程中不断改进自己、提升自己。通常情况下，我会在 3 个关键时刻给予他们机会，借事修人。

（1）当他们对现有的工作已经游刃有余时：授权

当员工对工作已经游刃有余时，如果还是把他们圈在小范围内，他们显然无法获得更好的成长。优秀的管理者一定会在这个时候，对他们进行授权，给他们更多的机会，去挑战自己，成就自己。

因此，在工作中，我也会适当给员工授权，让他们有更多的机会成就自己。

授权在前文中已详写，这里不再赘述。

（2）当他们在本岗位无法再发挥潜力时：轮岗

当员工在本职岗位上无法再发挥潜力的时候，管理者要做的是，让他们轮岗，以激发他们的积极性和潜能，让他们获得成长。例如，美国沃尔玛百货，为了帮助员工成长，激发员工更多的潜能，为员工提供了交叉培训，让不同部门的员工交叉上岗（国内称"岗位轮换"）。

当员工多做一项工作时，他们所掌握的技能就会多一项，团队的灵活性和适应性就会大大提高，竞争力也会因此不断增强。

对员工进行轮岗，不仅可以帮助员工提升技能，获得更好的成长，还能有效控制人才流失。一般情况下，当员工在本岗位无法再发挥潜力的时候，就会出现职业倦怠。长此以往，员工一定会想逃离这种状态，一段时间后他们会选择离职。但是如果对员工进行轮岗，他们会始终保有新鲜感和积极性，因此可以降低人员的流失率。

但是轮岗不是简单地将员工互相调换岗位，这也要掌握一定的技巧，否则很可能取得适得其反的效果。

一般来说，轮岗要做好以下4项工作。

第一，制定轮岗计划。根据团队发展的状况，制定明确的岗位轮换计划，有针对性地进行。例如，要明确哪些岗位可以换岗，哪些岗位不可以换。

第二，轮岗要符合实际。要对员工的能力和发展方向进行评判，然后针对员工的爱好、兴趣以及特长等进行轮岗。例如，不能让销售主管轮岗去做一线销售员。

第三，做好员工的思想工作。轮岗虽然是为了激发员工的潜能，但是不是任何员工都会接受。很多员工会认为在这个岗位上已经习惯了，再换岗位会很难适应。因此，在轮岗之前，管理者还要做好员工的思想工作，要明确地让员工知道他们可以从轮岗中获利。

第四，加强岗前培训。对于没有做过的事情，很多人都会感到非常不安。因此，为了打消员工的顾虑，在轮岗之前，就要加强培训，让员工能够更快地适应新角色。

对于企业而言，轮岗能够满足对人才的高度需求，而对于员工而言，轮岗能够帮助他们更快地成长，成就更好的自己。所以，轮岗是一种双赢的管理模式，更是借事修人的最佳工具。

（3）当他们是这个领域的专家时：传承、分享

当员工成为该领域的专家时，管理者要懂得让员工传承与分享。这样不仅能够发挥员工最大的价值，还能够带领团队的其他员工一起成长。

我认识一位朋友，是某区域的销售经理。为了提升员工的能力，他每个月都会安排一次月末总结会。会上，他不仅评估绩效成绩，解决员工在工作中遇到的问题，还会让销售业绩前 3 名的员工站到台上分享自己的销售经验和技巧。

每次分享的时候，台下的人都听得津津有味，且会不断地向分享的人提出相关问题。这个过程，其实就是他们成长的过程。分享的人会非常有成就感。这种成就感也推动着他们以更加饱满的状态投入到工作中。听的人也会受到启发，进而会更加主动、积极工作，创造更高的业绩。

我非常认可这位朋友的做法。这其实就是用人的最高境界，用团队的人才培养更多的人才。因此，在我的团队中，每次会议或者平时的工作中，我都会鼓励在这个领域非常突出的员工分享自己的技巧、经验或认识等，让他们的智慧和才能可以影响更多的人，为团队创造出更多的价值。

如何尽可能地发挥出员工最大的潜能和价值？这是我作为管理者的这些年

一直在思考和解决的问题。我越来越发现，只有人尽其用，团队才能得到更好、更快地发展。所以，一个真正优秀的销售团队的管理者，一定要懂得给员工机会，借事修人。

05

养人：不抛弃，不放弃

在人才稀缺、一将难求的时代，如何养人也是管理者要着重思考的问题。在人才培养方面，我始终遵循一个原则：不抛弃，不放弃。

（1）重点关注人的成长，帮助员工成功

带团队其实就是带人心。作为团队的管理者，要想赢得员工的青睐和忠心追随，首先就要真心对待员工，关注员工的成长，帮助他们成功。只有他们更好、更快地成长，管理者的价值才能得以体现，团队才能得以更好地发展。

在工作中辅导他们。

很多管理者都会给团队员工提供针对性的培训，但是最后会发现，员工并不懂得将培训的知识运用到实际的工作中。这主要是因为管理者只是把培训当成了一种形式，培训结束后，并不关心员工能不能将所学的知识运用到实际的工作中。这种培训显然无法真正切实有效地帮助员工成长。所以，作为管理者不仅要为员工提供培训，还要懂得在工作中辅导员工。

例如，销售员在跟客户谈判的时候，产生了一些矛盾。这时，管理者就要引导员工思考问题，并让员工结合培训中所学的知识，寻找解决矛盾的办法。这样员工才能消化培训所学的知识，不断提升自己的技能，获得真正的成长。

要关注员工的工作，更要关注员工的心理。

前面提到过马斯洛需求层次理论，从下到上依次是生理需求、安全需求、社交需求、尊重需求以及自我实现需求。当人们的生理需求、安全需求和社交需求得到满足后，会自发追求尊重需求。而尊重需求，就是员工心理层面的需求。因此，管理者不仅要关注员工的工作，更要关注员工的心理。要知道，只有员工感到开心和快乐，他们才能全身心地投入到工作中，取得他们想要的成功。

在竞争激烈的当下，员工的压力都非常大。这些压力有的来自工作，有的来自工作之外的事情。在重压下，员工很容易表现出注意力不集中、精神涣散和情绪低落的情况，如果管理者不能及时发现并帮助员工做好情绪调整，不但会影响员工自己的工作，还会影响团队的工作氛围。所以，管理者要时刻关注员工的情绪状态，及时帮助他们消化不良情绪。

帮助员工做好职业规划。

帮助员工做好职业规划，能够让员工明确自己未来的发展方向。一旦方向明确了，员工就会自发行动起来，朝着未来的方向努力奋斗。在帮助员工做职业规划的时候，管理者扮演的角色是辅助，而不是代劳。管理者可以站在"过来人"的角度，以更具有前瞻性、趋势性的眼光为员工提供参考意见。在这个过程中，即使员工没有采纳你的意见，也不要沮丧和着急，而是要懂得换位思考，了解员工没有采纳意见的原因以及他自己的打算，这样不仅可以帮助员工做出更符合他预期的职业规划，也能从更深层次了解员工。

关注员工成长，帮助员工成功，其实就是在帮助管理者自己，帮助团队取得成功。

（2）允许员工犯错

要想培养人才，那就一定要大胆，要敢于允许员工犯错。

大多数管理者能够认识到授权的重要性，但是他们却不敢充分授权。原因在于，他们认为员工经验不足、能力欠佳，如果他们做的事情出现问题，最后还得要自己来补救。于是，管理者事事都会亲力亲为。

在这种管理模式下，长此以往，员工的自信心和积极性都会备受打击。管理者会变得越来越忙，导致没有时间和精力去做决策，去做更重要的工作，最终无疑会影响团队的发展。管理者必须清楚地知道，想要团队得以健康发展，就必须通过授权的形式，激发团队中每个员工的潜能。

在这个过程中，员工不可避免地会犯一些错误。但是，管理者要知道的是，任何团队或个人的成长，都要通过不断地试错才能获得。不犯错，你很难发现你的团队存在的缺陷，了解员工的劣势，进而也无法知道如何改进。因此，要想更好地培养员工，管理者一定要适当给员工一些试错的机会和空间，去培养员工的责任感以及主动解决问题的思维方式。

（3）培养出"虽性格迥异，但'味道'相似"的人

团队需要有创造力，因此需要"性格迥异"的人才。虽然性格迥异，但是他们必须"味道"相似。如何理解"虽性格迥异，但'味道'相似"？

举个例子，刘备、关羽、张飞这三个人性格迥异，但是他们结成了生死之交。这就是典型的"虽性格迥异，但味道相似"。其实简单来说，就是他们每个人都有每个人的特色，但是他们之间是可以互补的，且目标是相同的。

管理者在培养员工的时候，就要做到这一点。

　　不要试图把每一个员工都按照你的想法来培养，把大家培养成像一个模子刻出来的人。这样的团队虽然看上去非常好管理，但是这样的团队是没有灵性，也没有创造力的。你会发现，他们做任何事情的想法都一样，方式方法也一样。或许他们可以按时完成任务，但是一定很难取得突破性的进展。我想，这应该不是管理者希望看到的事情。因此，为了避免这种情况发生，管理者一定要鼓励员工发表自己的看法，给他们展现自己的舞台，让他们能够活跃起来，为团队创造更高的效益。

　　总的来说，你要允许你的员工不一样，让团队充满创造力，你也要让你的员工一样，让他们有一样的目标和一致的方向。这样，团队才能得以更好地发展，企业才能获得更高的收益。

第 7 章

裂变：

造一支旅悦销售铁军

思路决定出路，布局决定结局。

——牛根生

01

搭系统：启动组织中隐形的动力

在旅悦集团创办之初，我遇到了很多问题。虽然团队中的骨干都是跟了我多年的兄弟，但依然难以保证集团内部的所有人都能够理解我们的梦想和方向，并自发前行。甚至在一些项目的执行过程中会出现和我们的初衷相悖的情况。

为了解决这个问题，我们开始考虑搭系统，启动组织中隐形的动力。

德国心理治疗师伯特·海灵格，是"家庭系统排列"的创始人。他对组织中的隐形动力——系统良知，是这样定义的："在团队和组织中，有一股特别的力量在引导个体和组织，让他们不是走向目标就是走上岔路，这个就叫作系统良知（与道德无关），这是一种个体和个体之间形成的无意识认知。当管理行为符合系统认知的方向，团队趋于平衡、和谐。如果不符合方向，系统将自我修正，团队将失衡，产生冲突、矛盾，直至毁灭。"

路先生刚进公司10个月，但已经是团队中的业务骨干，表现非常突出。因为他所在团队的主管晋升到其他部门，路先生被提拔为团队的领导，接手"战队"。这个团队除了他以外还有几名同事。

A：业务骨干（"五年陈"员工，颇有影响力）。

B：默默耕耘（"三年陈"员工，业绩中游，为人踏实诚恳）。

C：积极配合（"两年陈"员工，业绩不理想，积极向上，但有点着急）。

D：新手上路（进入公司半年，工作还没有什么章法）。

E：业务骨干（是路先生刚进公司时的师傅，业绩好，一直和路先生关系不错）。

"战队"是本地排名第一的团队，也是一支老牌劲旅，获得过很多的荣誉。路先生接手后很想做出成绩，于是第二天就开了第一次小组会议。那次会议主要有以下内容。

第一，自己是一个干实事的人，所以会带领大家创造一个新的高度。大家都是兄弟，不用分得那么清楚。以后不管是老人还是新人，自己一定会一视同仁，请大家务必全力配合。

第二，建议改原来团队的名字，原来的主管在新人培养和骨干培养上做得不够，接下来自己会有所改进。

第三，批评某个已被开除的不达标的成员，说他不适合继续留在团队。

紧张地开完第一次小组会后，路先生如释重负，心想终于走上了一条管理之路，但是又觉得开完会后，团队一点都不兴奋，路先生也不知道自己哪里做的不对……

为什么路先生会有这样的感受？因为他这次会议的内容没能遵循系统良知的运作法则。

（1）人人都有归属权利

团队中每个人都有同等的权利来归属于这个团队。也就是说，团队内的每一位成员，不论身份、入职时间、过往经历等，都平等地占有一个席位。有的成员能力强、业绩好，有的成员很努力却进步缓慢，有的成员性格激进……即使这样，每个人拥有的归属权利也不会发生改变。每个人都必须被同等接纳，享受同等尊重。路先生犯的错误是认为那名不达标成员不适合待在团队。他忽视了那名不达标成员的归属权利，这无疑招致其他员工的不理解。

（2）拥有职权者优先

很多团队都会出现团队主管能力不强但员工能力强的现象。如果管理不当就会出现难以服众的情况。就像是路先生刚刚上任，如果管理不当，团队很容易就出现不和谐的情况。而路先生急于召开会议，规划安排，某种程度上也是急于证明自己，因为他在上任之前没有得到扶持，更没有享受过优先权。在某种程度上说，这种临时"上位"的情况对于管理者来说很不利。我建议，如果你想帮扶一位管理者上位，就要全力支持他，即便他短期内有错误，也要给他绝对的优先权。相信你的支持会给他带来一股很强的力量，让他更顺利地完成事情。

（3）施与受的平衡

施予和承受是要平衡的，否则很多事情就会变得复杂、掰扯不清。很多管理者施予很少，却要下属承受很多，时间久了，下属内心会不平衡，进而难以全身心地投入到工作中。例如路先生认为公司对那名不达标的成员付出很多。因为立场不同，这句话很难获得一致认同，甚至会导致个别员工为那名成员抱屈，进而影响团队的工作氛围。

除此之外，团队也要鼓励发扬"感恩文化"，员工为公司付出了很多心力，即便管理者给员工支付了报酬和福利，依旧要对员工表达感谢，哪怕是从说一句简单的"谢谢"入手。

（4）先到者序位优于后到者

在一个团队里，管理者能将"先到者序位优于后到者"作为既定的规矩继承下去，能省下很多的潜在问题，也不会激起新员工的负面情绪，因为他们也会变成老员工。路先生犯的错误就是新人、老人一视同仁，结果新老员工都不开心。

（5）必须承认事实原貌

在案例中，路先生不承认事实原貌的地方在于，他说那名不达标的成员不适合成为"战队"的一员。但即便他的表现确实不达标，路先生再讲述出来也要遵循"有功有失"的原则，全面客观地评价成员。

管理者辞退员工时的表述也大有文章，因为其他员工感受最直接的就是管理者辞退了谁、惩罚了谁、晋升了谁。因此管理者在介绍时必须要承认事实原貌，将此次通报当成是一次文化传播的好机会，否则下属会觉得管理者是一个"翻脸不认人"的上司。

基于以上系统认知规则，管理者如何运用系统动力来做管理？

第一，同以前的同级同事私下直接进行沟通，消除紧张气氛。理解以前同级同事的心情，并不是每一位同事都为你的升迁感到高兴，给一点时间让他们适应。不少管理者一经提升就喜形于色，当然这也无可厚非，不过晋升者获得提升之后还是要体察他人的心情。私下进行交流，一方面削弱了上下级关系，让尚未晋升的同事有个心理缓冲；另一方面能够更有效地传达你的真诚。

第二，尊重上任领导，并电话沟通，虚心求教，邀请回来开欢送会。我以前跟员工说过这样的话："其实你刚接手 3 个月内的团队业绩不是你的业绩，而是上任管理者的惯性遗留，要用这段时间来观察、学习和人相处。"即便你得到晋升，管理新团队，还是要对上任管理者打下的江山保持必要的尊重。遇事要及时虚心请教，态度端正、真诚是非常重要的。

第三，立刻并公开地应对这一改变，告诉团队成员你很希望赢得他们的尊重。因为你是他们的新任管理者，鉴于他们对上任管理者仍心怀情谊，并且尚未适应你的到来，此时你主动展现你的真诚友好是非常重要的。表达要走心，真诚地告诉他们，你即将要与他们一起工作，很希望大家能坦诚相处，得到彼此的尊重。

第四，对于前成员的离开表示遗憾，分别在法、理、情的角度予以公开沟通。不少管理者为了显示自己的能力和决心，会不留情面地批评前成员，对其过往积极优秀的表现加以否定。其实这是损人不利己的表现。正确的做法应是从法、理、情的角度进行公开沟通，不偏不倚，进行公正、客观、如实的评价。

第五，尽量保持自己的本色，不要过度改变自己的行为，拒绝虚伪的民主。这一点也是非常重要的。我见过一些管理者其实本人性格比较严肃，却为了赢得员工的心而一时假装活泼热情，目的暂时达到后又恢复本性，对员工的态度很严肃。这样的行为反倒让员工觉得你很虚伪，得不偿失。

启动组织中隐形的动力对于管理工作是至关重要的。我的个人经验也充分证明了这一点，只有搭好系统，尊重运行规则，才能有效地管理好团队，发挥效能。

建团队：人是团队最重要的资产

系统虽然是团队运转的隐形动力，但真正让系统运转起来的，还是人。人才是团队最重要的资产。

一个管理者在搭建团队时，要充分认识到人对于团队的重要性。但是要想找到合适的人也是很难的，所以很多管理者搭建团队的前期总是会花很多时间在找人上。在旅悦，我们有一套自己的选人工具。

（1）"北斗七星"选人法则

"北斗七星"选人法则的要义就是找到一个有能力的人，让他认识你和公司，确认此人的能力和这份工作相符，并想办法招他进公司。北斗七星选人法则里的"七星"分别是：诚信、"要性"、喜欢干销售、言出必行、又猛又持久、开放、有悟性。

诚信：诚实正直，言行坦荡。

"要性"：对财富积累、事业成功、他人肯定、个人成长等各方面有想法和目标。

喜欢干销售：认为销售工作有意义、有价值、值得投入，视销售为自己的职业和事业；对销售工作有兴趣，在销售工作中能体验到乐趣；认为自己适合从事销售工作，并做了相应的准备。

言出必行：设置具有挑战性、可行性的短期和长期目标，保持对目标的忠诚和专注，通过踏实工作致力于目标的实现。

又猛又持久：具有吃苦耐劳、勤奋务实的个人品质，抗压性强，能坚持，能正确对待挫折和困难，具有应对和化解压力的技巧；善于控制情绪，保持积极的心态；善于激发和保持自己的工作激情，保持良好的工作状态。

开放：乐于与人相处并易于相处，热情，在人际交往中不自我封闭，愿意表现和分享，善于建立和保持良好人际关系。

有悟性：通过对工作的反思总结、与他人交流、自我学习等方式，对工作知识和经验进行吸收、归纳、演绎和迁移，从而不断地更新知识结构，提高工作技能，增强适应性。

这七点是我们针对销售工作的特点，再结合优秀销售员的特质总结得来的，在实践过程中，我们发现按照北斗七星选人法则招来的销售人员都非常优秀。慢慢地，这个法则也成为旅悦集团招聘销售人员的重要工具。

（2）"三吝五慎"选人法则

在实际的工作中，我们发现，如果仅仅遵循北斗七星选人法则并不能保证我们招到合适的人才。有些人可能完全符合"七星"的要求，却并不一定符合旅悦的用人要求。慢慢地，我们在北斗七星选人法则之外，又总结了一个"三吝五慎"选人法则，意在明确哪些人不能录用。

管理者在选人时要对以下三种人吝啬，坚决不予录用。

　　一是所有工作从事都不到一年、频繁跳槽的人（这类人职业发展目标不明确，不能踏实地工作）。如果团队挑选这类员工，一则会损耗人力、物力、财力，二则人才流动过于频繁也会给其他员工带来负面影响。

　　我见过很多大学生毕业后，因为各种原因而选择了销售这份职业。但往往心高气盛，总是自命不凡，却又不能真正心平气和地做好每一件事情。成交不到客户就自怨自艾，并将一切原因都归为客户和环境。如果你批评他几句，他会觉得自己受到了莫大的委屈，进而消极怠工或者直接放弃。

　　二是对面试不重视的人。面试过程中不尊重面试官，如面试过程中戴墨镜、嚼口香糖等。保持对人的尊重是基本的礼仪，也是一个人态度的表现。一个人态度不端正，就难以对工作尽心尽力。很多管理者都有过面试应聘者的经历，面试的次数越多，就越是能够识别对方是个什么样的人。如果对方在面试时就显示出不尊重别人，第一时间就应该确定不予录用。

　　三是对前家公司、老板抱怨太多却不从根本上找原因的人。这类人容易推卸责任，职业素养差。凡事只为自己的利益考虑，同理心差。这样的人如果加入团队就会成为一颗定时炸弹，他的自私和负面情绪不但会伤到他自己，还会伤及无辜。所以，这样的人同样不能录用。

　　除此之外，对以下五种情况的人要谨慎考察。

　　一是营业员、店员等柜台销售人员。一般来说，营业员或店员等柜台销售的工作方式较为单一，工作压力比较小。一旦他们熟悉了惯有的销售模式，就很难进入充满激情和挑战的销售事业中去。

　　二是竞争性不足的行业垄断型企业的销售人员。这类企业的销售人员面向的多为固定客户，不需要花费太多精力在谈判上，同时销售周期较长，销售方式差异也大。所以这类销售人员在进入一个高能量的团队中，适应性可能会比较差。

　　三是级别较高者。例如总经理、总监等。因为他们期望较高，匹配度差，所以也需要被当作谨慎考察的对象。

　　四是某些特殊行业的销售人员。由于所处行业当前市场缺乏规范，这些销售人员可能存在思考问题较为负面、团队配合意识差等问题，有的自恃能力强而听不进他人的意见和想法。

五是应届毕业生。这类人因为初入社会，经验缺乏且工作能力不强，很少能快速地适应有挑战性的工作，因此也要成为被谨慎考察的对象。但这里有一点要特别注意的是，校园招聘的管培生除外，因为他们专业能力强，适应性也强。

（3）"胜任力模型"选人法

一般来说，员工的胜任力包括三大模块。

一是驱动力模块。其中包括"要性"、目标承诺与追求、职业认同等。一个人对本职工作认同、有目标感、有追求是非常重要的事情。有研究表明，对工作有目标感的人更容易做出成绩。因此，我建议管理者在建团队、选员工时要挑选那些做事认真负责、追求极致、能够不断反思提高的人。

二是能力模块。即职场通用的能力和专业的能力。通用的能力包括学习与思考能力、沟通能力、情绪管理与压力应对能力；而专业的能力根据岗位的不同会有所不同，以销售为例，专业的能力包括客户中心意识、客户判断与跟进能力、工作规划与执行能力等。

三是个性特质模块。其中包括韧性、勤奋、外向与亲和。除了能力之外，员工个人的个性特质也要重点考察。事实证明，一个员工要是具备韧性、勤奋、外向与亲和的美好品质，他会取得长足的进步，获得持久的成功。

管理者在建团队时，一定要充分地关注员工的驱动力、个人能力、个性特质等方面，只有挑到好的适合的人才，这个团队才能获得快速成长。正是尊崇以上挑选人才的法则，所以旅悦的团队一经成立，就发挥出了巨大的能量。

培养人：把 50% 的精力都放在对人的培养上

旅悦创办之后，团队发展得很快，此时我开始将更多的精力都放在对人的培养上。事实证明，这是非常正确的走可持续发展道路的决策。

对于管理者来说，最重要的几件事是：培养人（人是最重要的资产）、传递文化（价值观建设）、上传下达（时刻与公司保持一致）、完成目标（带领团队完成公司下达的目标）。

在旅悦，我们常用两个培养工具解决这个问题。

（1）意愿技能矩阵培养法

意愿技能矩阵是指管理者常根据意愿和技能的强弱度，将员工分为四大类型，即意愿高技能强、意愿高技能稍弱、意愿低技能较强、意愿低技能弱。

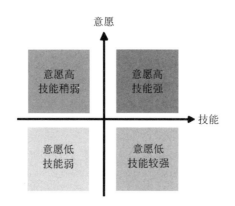

针对这四类员工，管理者要采取有针对性的方法去培养。

对于技能强且意愿也高的员工，管理者要充分信任其能力，要放心地把工作交给他，放手让他去做，并授予一定的自主权，这比任何的培养都有用。这里需要注意的是管理者需要注意授权的有效性。

对于技能强但意愿低的员工，管理者要激发起其意愿，要采取教练的培养方式。教练技术是一门通过完善心智模式来支持对方挖掘潜能、提升效率的管理技术。为了让员工在工作中寻找到更多的意义，提升自己的意愿，管理者可以采取教练技术中"上推下切平行"的沟通策略。

"上推"是找出被问者所追求的价值，即他行为的正面动机，以便找出其更正面、更能实现目标的行为去取代过去。"下切"则是在说过的内容里面找焦点，把其中的某些部分放大，使之清晰。"平行"则是寻找更多的可能性。

我们举一个例子：销售员抱怨工作困难，客户总是不愿成交。

管理者："你觉得客户不成交的原因是什么？"（上推）

销售员："感觉他总是不信任我。"

管理者："他不信任你时有什么表现？"（下切）

销售员："比如他总是会质疑我的产品是不是确有其效，犹豫不决，眼神闪躲等。"

管理者："很好，你观察得很仔细。现在你打算怎么解决这个问题呢？有什么好的方法吗？"（平行）

销售员："我打算……"

除了使用教练技术，我建议管理者也可以使用奖罚制度以激起这类员工的意愿，因为人都有逃避痛苦和得到快乐的心理。例如为了不被扣钱或不被淘汰而去努力工作，或为了赢得奖金、升职等而去积极追求更高的业绩等。因此，管理者要摸准这类员工的心理需求，从内外两方面动机进行驱动，如通过升职加薪等正面激励方式或通过训斥、降薪等负面激励方式激发他们的工作意愿。

技能弱但意愿高的员工，其未来发展的潜力较大，后续有充足的动力，此时管理者可通过"指导＋顾问"的方式加以培养，尤其是"师徒制"的一对一辅导，效果会非常好。

对于技能弱意愿也低的员工，管理者无须花费太多的心力去培养，如果条件成熟，我建议你辞退这类员工。

（2）业绩价值矩阵培养法

除了意愿技能矩阵培养法之外，还有业绩价值矩阵培养法。

在旅悦铁军创建过程中，我十分重视价值观的重要作用，这也是我衡量一个下属是否值得培养的一个重要依据。我当初在阿里巴巴接受培训时，对价值观的重要作用感触颇深，价值观第一，然后才是能力。

马云有段话说得很好："你可以带来客户，也可以带走客户，如果你不能接受阿里巴巴的价值观，不能和阿里巴巴的团队配合，即便你能带来 100 万元的销售收入，阿里巴巴也不要。"

我在创建旅悦铁军时，也深深相信这一点。不认同团队的价值观的员工在某种程度上是无用的，也不适合长期发展。价值观可以凝聚人、激励人，也能引领人朝着同一个方向看去，建立起一个共同体。

在旅悦，我们有这样一个业绩价值矩阵。

没有业绩也不认同企业价值观的员工，直接淘汰。

业绩好但是不认同企业价值观的员工，如果不能改变价值观也将被清除，在某种程度上，这类员工是危险的。

没业绩但认同企业价值观的员工值得培养，将会得到帮助。

业绩好且认同企业价值观的员工，将会得到尽可能多的机会和最多的股票期权。

一般企业，不太认同企业价值观的员工是大多数，他们将得到培养和提高。

绝大多数没业绩但认同企业价值观的员工只要好好培养，就能创造令人惊喜的价值。管理者需要根据员工的业绩和对企业价值观的认同度，有针对性地使用培养方法，以提高下属的能力。

正是因为我把 50% 的精力放在培养员工身上，所以旅悦团队的成员都进步很快，进而让旅悦也焕发了生机，在中国"互联网 + 酒店"领域崭露头角。

04

解雇：旅悦铁军会淘汰这样的人

2017 年，旅悦团队发展得越来越成熟，一个以前没有被我重视的问题出现了——如何请不好的人出去？

在团队管理上，管理者除了要会选人、用人、育人、留人外，还要会淘汰人，甚至在某种程度上说，没有开除过人的管理人员不是合格的管理人员。一个好的员工对团队发展有正面影响。同时，一个表现不好的员工也会对团队产生潜移默化的负面影响。当团队的"味道"出现问题时，管理者要会请不好的人出去。

在旅悦，有一个非常出色的员工，他敢拼敢想，但是他也有一个致命的缺点——过于自大，总是一意孤行。尽管他为公司带来了一定的成绩，但也带来了恶劣的影响。同时，由于他自负的性格，使得他很难与其他员工和平相处，团队气氛剑拔弩张，大家都会因为他的存在而变得不自在。

我当时没有急着请他离开，而是选择与他展开一次坦诚的沟通。我问他有没有感受到自己的言行给公司带来了一定的负面影响，有没有觉得其他同事对他敬而远之。他听到我如此询问，表现得更是满不在乎，直言："他们都是嫉妒我，嫉妒我业绩好。我不觉得我有什么问题，上次的拜访也是因为对方……"他不能理解我的提问，并着急为自己辩解，把所有的罪责都归因他人。我试着引导他意识到自身的问题和改进的必要性。但是他却回答："那非常抱歉，我就是这样的性格。"

　　一方面我在内心对他这种回答表示惊讶，另一方面我也在认真考虑他是否真的适合我们的团队。时间久了，他还是屡犯禁忌。最终，我淘汰了他。

　　在旅悦铁军，我希望团队的每一位成员都是眼睛朝着同一个方向看，心往一个目标靠拢。但并不是每位员工都能朝着我们期待的方向发展，这其间出现了"逆向而行"的员工。在"处理"这样的员工之前，我们必须先申明一下立场：我们并不鼓励辞退员工，而且我们针对的是行为和影响而不是针对员工个人。但同时公司发展也容不下充满恶意的行为，如果在重复警告之后，员工仍然没有任何改正的迹象，我们必定会慎重地将他淘汰出局。

　　这里，我们需要知道逆向而行的员工到底有多少种类型，避免他们总是干扰团队，消耗团队的精力，破坏团队的正常运作和发展。

（1）破坏高压线的人

　　团队会有一类破坏高压线的人，集中表现在3点。

　　一是过度索取。有的员工你满足他一个条件后，他会不断地提出要求且态度越来越差，除了向公司索取，他还会向同事索取，并把心思都用来算计同事上，如霸占同事的工作成果等。

　　二是传播团队或同事的消极和不实的信息，搞"小团队"等行为，败坏公司的风气。

　　三是常常不服从上司的工作安排、推卸责任、故意引起内部矛盾等。

　　我对团队中的这类人，几乎是"零容忍"，一旦发现立即淘汰。因为这样的人破坏力极大，对团队的氛围影响极坏，如果不及时清除，就会造成更大损失。

（2）极度消极的人

消极是一种可怕的能量，消极感强的员工会对自己和未来充满否定的态度，认为自己一无是处，既无法做出突破，也无法在当前的工作状态中用尽全力。在遭受打击或批评时，他们会变得更加消极和沉闷。虽然看起来消极是他们自发自生的，但是也会无形中影响到团队中的其他人。

他们一方面不愿意做新的尝试和努力，对当下和未来抱有消极的情绪；另一方面，他们总是在团队里传播消极情绪，进而影响其他员工的工作情绪和动力。例如当同事斗志满满准备大干一番时，他却在一旁冷冷地说"我劝你还是认清现实，这目标太难了，你完成不了的""我觉得做销售很难，太累了"等，传播消极情绪。

对于这类员工，可以先进行沟通，如果他们依然无法控制自己的消极情绪，就只能选择淘汰。

（3）止步不前的人

机会都是留给有准备的人的，如果一个团队的员工总是止步不前，那么他就很难跟上团队的发展和变化。这里的止步不前有两个含义。

一是长久能力缺乏而导致业绩不升反降的员工。例如一年前他加入这个团队时能做到 A 的程度，一年时间过去了，他还是只能做到 A 的程度，对于这类不求上进且自身能力不足的员工要予以淘汰。

二是自认劳苦功高，就愿意在功劳簿上"吃老本"的员工。我们团队就出现过这样的员工，因为过去做出了一些成绩就沾沾自喜，心安理得地不去努力。这种行为对新进员工以及其他同事会造成很恶劣的影响，使得一些新员工会暗自揣测："原来我们公司是一个论资排辈的地方，看来我一个刚出茅庐的人在这里是没有希望的，我还是早走为好！"对于自认为团队缺他不可、自视甚高、倚老卖老的员工，我们团队也是不欢迎的。

（4）懒惰的人

哈佛商学院的沃克博士说："在我们团队中最懒惰的那一名成员，可能他才是决定工作最终成功或失败的因素。团队的技术水平当然就是其中每个成员的平均技术水平，所以，如果在你的团队有一个技术特别熟练的人，那么他会使得团队整体表现好一点，但如果有一个表现很差或懒惰的员工，那么团队整体的表现就会大大降低。"

这就像是"木桶短板"效应，短板对最终容量有重要影响。因此，当团队出现一个懒惰的人时，管理者也要及时淘汰。

旅悦需要的是有"饥饿感"的人，永远不满足现状愿意追求更高目标的人。他们对销售事业充满激情，今天的最高标准是明天的最低要求，全身心地投入到销售事业中去。因此，我们会坚决淘汰那些得过且过、只能保持三分钟的热度、每天就想不劳而获的懒人。

（5）平庸的"好事者"

几乎每一个团队都会有这样的人，他们的资质、能力和未来可持续发展的前景都很一般，但他们是办公室"内斗"的"好事者"。如果你发现团队有这样的好事者，就必须揪出这个"害群之马"，及时淘汰出去。如果你不及时出手，他们会以惊人的速度"繁殖"，败坏办公室的气氛，将本是积极一心奋斗的团队搞成一个看不见硝烟的战场，人心浮躁。每天大家的心思不放在正事和目标上，反而去搞小动作，这类好事者是一定要淘汰的。

当然，作为管理者，淘汰下属并不是随心而发、率性而起的游戏，淘汰人需要慎重，要认真考虑什么样的员工需要淘汰。在淘汰人这方面，最可怕的影响是，该走的人没走，不该走的却要走。

我建议管理者决定之前要先问自己几个问题：我给过他帮助了吗？我丑话当先了吗？我给过他机会了吗？……如果答案都是肯定的，而对方还是没有任何改进，你就可以做出淘汰的决定了。一旦思考清楚并做出决定后就要内心坚定，毕竟淘汰员工需要勇气和果敢。唯有如此，才能做好这件事。

05

XCRM 管理系统：高效的流程是根本

销售团队的最终目的是搞定更多的客户，赚取更多的利润。因此，在搭系统、建团队、培养人之后，我将目光锁定到了客户身上，并建立了 XCRM 管理系统。

XCRM 系统，即 Cross CRM，是基于云架构的智能管理系统，能够快速帮助企业提升营销效果，实现利润增长。通过该系统，我们可以获取大量的数据，进而更加了解客户，为客户提供更完善的服务，提高客户的满意度，最终提高团队的获利能力。

2019 年，旅悦集团签约的酒店数量从数百家增长到近 2000 家，覆盖 10 多个国家及地区 200 多个目的地。伴随这一过程，我始终坚持以数据驱动酒店的拓展、以技术支持效率的提升，进一步强化 XCRM 系统，为门店拓展和运营管理提供强大的支撑能力。

在实际的经营过程中，XCRM 系统的确为我们团队的工作提供了不少便利。

（1）XCRM 提供基于大数据的全球酒店拓展选址解决方案

要想高效拓展酒店，首先要面对的问题是怎样才能高效地找到要拓展的目标酒店。而 XCRM 系统本身就是基于旅游业大数据和智能分析引擎的一个智能系统，能够提供"选址助手"，有效解决选址问题。

此外，"选址助手"还能提供高精度地图的可视化操作界面，提供基于行业大数据的实时热点区域分析工具，使销售人员具备了随时随地都可以快速找到优质物业的能力。这种能力不仅能够精准锁定"目标"酒店，还能够大大提高选址效率。

（2）XCRM 提供全方位的线索和商机管理能力

当我们锁定要拓展的目标酒店后，还要解决的问题是，面对这些海量的等待拓展的目标酒店，要如何采取有效的手段进行资源配置，对这些目标酒店进行更高效的拓展。XCRM 系统采用的大数据技术，可以对线索进行去重、分级，并且支持实时线索自动分配策略以及线索流程策略，能够有效提升线索匹配度和有效性，从而提升商务拓展、商机跟进的效果，并提升转化率。例如，XCRM 系统通过支持电销指派物业线索后，按照策略自动分配给销售人员去拓展。这样既避免了人为分配的弊端，又实现了根据销售人员的拓展能力以及工作量动态调整的机制。

（3）XCRM 提供项目签约各环节流程化的系统解决方案

在面对大量目标酒店、大量签单时，我们要解决的问题是：

第一，数百名销售人员同时跟进数千家分散于全世界数十个国家及地区的物业，如何进行有效的签约管理？

第二，如何保持数据和信息的高效同步？

第三，如何提升签约转化效率？

以上 3 个问题都是快速发展中的我们必须优先着力解决的问题。而 XCRM 提供签约工作流引擎，可以将线下签约过程关键点搬到线上，实现对签约进度管理、签约过程监控、签约数据管理的支持，确保各环节流程的规范性，为签约提供精细化的管理能力，实现高效管理。也就是说，XCRM 系统能够轻松帮助我们解决以上 3 个问题。

（4）XCRM 提供物业开发过程和门店经营生命周期的全景数据

高速拓展物业和门店经营过程中，时刻都在产生海量的、高价值的数据。这些数据对于不断提升销售员人数、不断提升门店经营能力和盈利水平，都具有非常重要的价值。通过这些数据，公司管理者可以在许多场景下，全方位、多维度地了解物业签约和门店的运营状态。而这些全景数据都依赖于 XCRM 系统。

XCRM 系统提供数据能力，有以下四大作用。

第一，支持自动化生成电销 / 销售拓展的日报、周报、排行榜，可以实时呈现电销、销售拓展等当前的工作情况、KPI 达成情况。

第二，可以将电销、销售拓展团队花在基本数据整理上的时间减少 80%。

第三，支持收款数据、收款进度全程线上管理，避免因开发线下管理收款系统而带来的麻烦，减少销售拓展和财务沟通对账消耗的时间。

第四，支持门店生命周期各类数据的结构化管理，完整呈现门店在旅悦的签约、筹开、日常巡店管理、店长调动、停业／解约相关的多维度数据，为门店精细化管理提供全方位的结构化数据支持。

从以上四点不难看出，XCRM 系统对旅悦团队发展的功劳。在使用 XCRM 系统的过程中，我深刻认识到一个高效的管理系统，不仅能够让团队管理更高效，还能有效提高团队的业绩。

06

建立一个"情场"，承载更大的梦想

"职场"和"情场"的区别是什么？

如果仅仅把团队看成职场，我们便只会关注自己当下的目标，只会把员工看成团队的资源。一旦遇到职场危机，员工首先想到的是离开。但是如果把团队当成情场，我们便会时刻关注员工的成长，会牵挂员工的喜怒哀乐。如果这个时候遇到职场危机，员工首先想到的不是离开，而是与我们一起同舟共济，克服困难。所以，作为管理者不要将团队看作没有情感的职场，而是要学会建立一个有温度的情场。

（1）从点滴开始，与员工建立深厚的情感

人是有情感的高级动物。管理者要建立一个情场，首先就要学会从点滴开始，与员工建立深厚的情感，尊重每一位员工。

心理学研究表明，任何人都有被尊重的心理需求。尊重员工，是赢得员工信赖的前提。因此，无论是在工作中还是私下的生活中，我都会尊重员工的想

法和意见。

关心员工：要拉近跟员工之间的距离，就一定要懂得关心员工，让员工感受到温暖。

理解员工：有句古话说"己所不欲勿施于人"。管理者在带团队的时候，也要这样要求自己。不要苛刻对待员工，要有一颗包容的心，能够包容他们的小缺点，理解他们犯的小错误。

乐于分享：分享是一种互相学习的方式，更是一种拉近距离、促进关系的有效管理方式。管理者在工作中不要吝啬，要懂得将自己的知识、经验分享给你的员工。这样不仅能够拉近彼此之间的距离，还能够有效提高员工的工作能力。

要与员工建立深厚的感情，就要时刻留意他们的小举动，发现他们的小心思，并尽力满足他们的需求，让他们有强烈的归属感。

（2）真诚帮助，用心爱上他们

当员工的基本需求得到满足后，他们便会希望在工作上得到上级的帮助和认可。因此，管理者要真诚地帮助团队的员工，并努力爱上他们。

我始终认为，一个人的发展需要具备3个条件：第一是找一个好的行业；第二是找到一家好的公司；第三是坚持。所以我始终致力于让旅悦的员工感受到自己进入了一个有发展前景的行业，加入了一家好的公司。

为了让员工能够更好地工作，我为他们提供了优越的办公环境和住宿条件。我想让他们深刻感受到旅悦是好的公司，剩下的就看他们自己的坚持。如果他们愿意奋斗，我会给他们提供工作上的帮助和资源支持，并且会帮助他们发现自己身上的优缺点，找到未来的发展方向、晋升渠道。

我的理念是：员工能想到的，我会努力帮他们实现；员工想不到的，我会努力帮他们想到。当我不断地以这样的真诚为员工付出时，我发现他们会把工作当成自己的事情去做。而这就意味着这件事我做对了。

（3）一对一地深入沟通

旅悦创立初期，我最大的愿望当然是取得成功，创造更多的利润。但是我并没有只顾当前的利益，我更看重的是更远大的梦想。因此，我不提倡员工只埋头工作，我希望他们能够一边工作一边思考，不断提升自己的能力，进而为公司创造更大的价值。因此，我会经常抽空跟员工进行一对一的深入沟通。

当然，一个管理者，尤其是一个公司的 CEO，约员工进行一对一的深入沟通也并不是简单地说一句"到我办公室来一下"就可以的。要想真正让此次沟通发挥作用，必须注意以下几点：

第一，事先通知员工，安排好具体的沟通时间；

第二，确保员工手上没有非常紧急的任务要完成；

第三，不要在员工下班或者休息的时候进行沟通；

第四，提前准备沟通的相关资料；

第五，要让员工充分表达自己；

第六，帮助员工找到问题，并解决问题。

相比邮件、电话等沟通渠道，一对一的沟通更能直观地感受员工的状态，也更能让员工感受到管理者的真诚。这样的情况下，员工更愿意相信管理者，可以更好地增进你们之间的情感。

那么，什么时候和员工进行一对一的深入沟通比较合适呢？

第一，绩效考核结果出来后。团队一般都会有绩效考核，绩效考核结果出来后，你会了解员工在这段时间的工作情况、取得的成绩以及存在的一些问题。当了解清楚这些信息后，你可以借此机会跟员工进行一对一的深入沟通，以了解员工的想法和需求。并且，可以利用这个机会，指正员工存在的问题，帮助员工解决问题，以及制定下一步的工作计划。

第二，员工存在重大问题的时候。当员工的工作存在重大问题的时候，你要及时找员工面谈并辅导员工做好工作。例如，员工跟客户谈判的时候，因为说话不当被客户投诉。那么这个时候，你就要找员工沟通，并指导他在跟客户沟通的时候要注意哪些问题。

第三，员工主动寻求帮助的时候。员工在工作中遇到问题自己无法解决的时候，他们会寻求管理者的帮助。这个时候，也是管理者跟员工进行一对一深入沟通的最佳时机。

管理者虽然每天跟员工接触，但是因为工作性质的原因，能跟员工沟通的机会并不多，尤其是深入沟通的机会更是少之又少。俗话说，见面三分情。因此，要想将团队建立成一个"情场"，管理者还要懂得把握住一个个跟员工进行一对一深入沟通的契机。

（4）将欲取之，必先与之

"将欲取之，必先与之"的意思是，要想获取些什么，得暂且先给些什么。对于管理者而言，要想得到更好的结果，就要在员工达成结果之前先给予员工想要的。

在传统的管理理念下，管理者总是习惯把自己摆在高高在上的位置，只懂得下命令、要成绩，结果导致管理者与员工之间的矛盾越来越多，团队的工作效率也越来越低，管理者反而得不到自己想要的结果。

管理者要结果没有错，但是如果只要结果而不关心员工的需求和想法，那么显然要不到理想的结果。尤其是对于崇尚自由、追求快乐的"90后""95后"员工而言，要让他们给你一个漂亮的结果，首先要让他们"自由"，给他们快乐，要把管理员工变成帮助员工。例如，我们经常会召开团队"吐槽大会"，让团队的员工畅所欲言地表达自己的想法和需求。作为管理者的我，会认真倾听他们的想法和需求，并且尽力满足他们的需求。在这个过程中，他们感到非常快乐。他们心情愉快了，自然能更加努力地去完成工作。

团队是一个讲制度、讲规矩的地方，也是一个讲爱、讲感情的地方。所以，作为团队管理者，既要懂得用制度和规矩管理员工，也要懂得用爱和情感去帮助员工，温暖员工。

07

旅悦大学：塑造和传承铁军的"军魂"

企业或团队之间的竞争，实际上是人才与人才之间的竞争。这一点在销售团队中的体现尤为明显。一支高效的销售团队能创造的业绩，跟一般销售团队创造的业绩之间的差距，不是一点点，而是几倍，甚至几十倍之差。所以，我们创办了旅悦大学，希望能够通过它塑造和传承铁军的"军魂"，用人才来驱动团队和企业的发展。

旅悦大学并非简单的培训部门，而是一个系统化的企业教育体系。它跟公司的人力资源部处于同一个等级。我坚信，比起一般的培训，这种教育模式更能塑造员工，能为员工带去更多的价值。

（1）旅悦大学的运作模式和发展体系

旅悦大学的运作模式是以项目制管理，自成闭环。

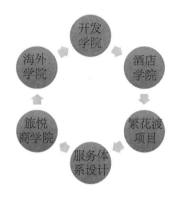

从运作模式我们可以看到，旅悦大学不仅有商学院，还有很多其他学院。也就是说我们不只是要让销售员学习商业知识，也会全方位地培养他们。这是一个闭环的学习模式，目的是希望销售员能够精通行业的相关知识，了解市场动态，进而提升自己的销售技能。

了解旅悦大学的运作模式后，我们再来看一下旅悦大学的发展体系。

旅悦大学的发展体系总体像一个金字塔模型，最底层是旅悦战略定位，也是旅悦大学发展体系的核心能量。往上依次是：服务标准和评估体系、知识和人才管理系统、旅悦人才发展战略。从这个发展体系可以清楚地看到，旅悦对人的重视，尤其是对人才发展的重视。这也是旅悦最根本的经营理念，同时也是旅悦大学发展的首要目标。

（2）旅悦大学的运营课程体系

旅悦大学的运营课程体系中，主要包括三大系列课程。

第一，旅悦服务系列课程。

旅悦服务系列课程主要是针对服务行业来设计的，主要内容包括：预定确认、迎客、送客入房、暖心宵夜、客房清洁、客房物品摆放标准、铺床实操标准、线上运营、沟通技巧等。

第二，旅悦管理技能系列课程。

旅悦管理技能系列课程中主要包括 3 个方面的内容：服务业主、玩转业绩、运营管理。

服务业主：服务业主即要为合作商家服务。该课程主要有六部分内容：了解业主，门店解析；识别机会，主动服务；用心服务；了解自己，学会沟通；管理情绪；建立情感，实现共赢。

玩转业绩：玩转业绩课程是为了让员工了解管理工作，能够帮助员工更好地规划自己的职业生涯。这类课程主要包括五部分内容：成本控制、会员体系与权益、线上运营、收益管理、销售管理。

成本控制　　会员体系与权益　　线上运营

收益管理　　销售管理

运营管理：运营管理课程主要是为了让员工了解酒店业的各部门的运营方式。这类课程主要包括四部分内容：客房管理、安全管理、前厅管理、优质团队构建。

第三，旅悦培训系统系列课程。

对于一所企业大学来说，企业培训自然是必不可少的。因此，在旅悦大学的课程体系中，我们也加入了培训系统系列课程。旅悦的培训系统课程主要包括3个方面的内容：知识培训技巧、技能培训技巧、"繁花渡"项目。知识技巧和培训技巧，即行业相关的知识和技能的培训。繁花渡项目是新项目，是为了提高该项目的执行效果而专门设置的课程。

（3）旅悦大学的开发课程体系

对于销售人员而言，要掌握运营知识，更要掌握开发知识，以拓展更多的市场。为此，旅悦大学也建立了开发课程体系。

旅悦大学的开发课程体系，主要包括三大类课程。

第一类：开发应知系列课程，即所有与开发相关的知识类课程。

第二类：开发应会系列课程，即所有与开发相关的技能类课程。

第三类：开发管理系列课程，即所有与开发相关的管理类课程。

旅悦大学的开发课程采取的是闭环学习模式：一测二学三练四评。

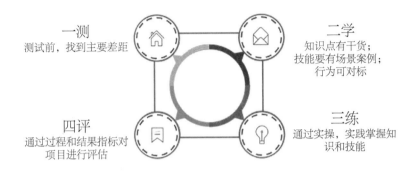

一测
测试前，找到主要差距

二学
知识点有干货；
技能要有场景案例；
行为可对标

四评
通过过程和结果指标对
项目进行评估

三练
通过实操，实践掌握知
识和技能

（4）旅悦大学的资源支撑体系

要让这些课程体系得以更好的发展，就应当有更好的资源来支撑。

旅悦大学的资源支撑体系主要分为 4 个方面。

第一，培训手册。培训手册包括店长培训手册和店长训练营学院手册。培训手册中有非常详细的和培训相关的内容。

第二，视频课程。视频课程是现在年轻人比较喜欢的一种上课方式，因此，为了提高大家的兴趣，旅悦大学也采取这种模式给员工上课。旅悦大学的视频课程主要包括前厅工作流程教学视频、客房工作流程教学视频、餐厅工作流程教学视频、餐厅工作教学视频等。这些内容以视频的方式呈现，会更生动、形象，便于提高员工的学习力和理解力。

第三，直播课程。直播也是近几年比较流行的一种交流方式。旅悦大学也紧跟潮流，采取了这种方式给员工授课。目前我们有两个直播账号，分别是"旅悦三点半"和"旅悦充电站"。

第四,新媒体课程。新媒体是企业用的比较多的一种方式,既能利用自媒体平台展示企业的形象、价值、理念、产品,也可以通过该平台向员工传递知识。旅悦目前有两个自媒体账号,分别是"旅悦大课堂"和"旅悦商学院"。

(5)旅悦大学的人才发展体系

旅悦大学的核心理念是培养人才。所以,构建人才发展体系是旅悦大学的重点工作。构建人才发展体系,是为了进一步强化组织的 DNA,让员工可以在变革中不断前进。

旅悦大学的人才发展计划采取的是"五级双通道"的模式。"双通道"是指管理通道和专业通道,即员工对于自身的发展规划可以选择走管理路线成为企业的管理者,也可以选择走专业路线成为高级技术人才。"五级"则是指每个通道有 5 个级别。在管理通道,员工发展的 5 个级别分别是:初做者、有经验者、监督者、管理者和领导者。在专业通道,员工发展的五个级别分别是:初做者、有经验者、骨干、专家和资深专家。

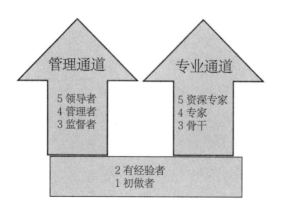

五级双通道模式给予了员工更多的发展机会,能够让他们选择适合自己的发

展路径去成长。这样更能提高员工的积极性，更能激发他们对工作的动力和潜能。

（6）旅悦大学对外的商业发展

旅悦大学不仅对内发展，也对外敞开怀抱。在对外的商业发展方面，主要是以"旅悦商学院"为主力军。

旅悦商学院对外发展的计划主要包括 4 个方面。

第一，线上知识专栏项目。利用行业从业人员的碎片时间进行知识赋能，对内容进行收费。

第二，驿路同行游学项目。根据业主需求，结合旅悦优势，实现游学融合。

第三，线下特训营项目。结合行业痛点及用户需求，通过培训定制化解决用户的实际经营问题。

第四，赋能商学院项目。依靠政府、协会等资源，对行业人员进行二次教育培训及职业资格认证，创造人才就业机会。

为了顺利达成计划，旅悦大学制定了完善的商学院课程体系。

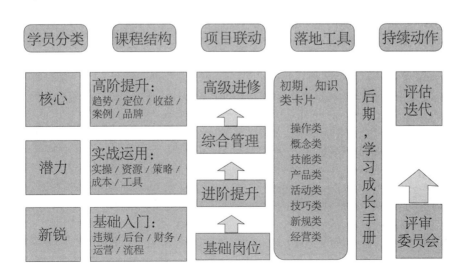

　　无论是对内的课程体系还是对外的课程体系，旅悦大学的宗旨始终是不变的——重视对人才的培养，并致力于为培养人才做更多更有价值的事情，让铁军的"军魂"不断传承下去，让旅悦乃至更多的企业得到更健康、稳定、长久的发展。